Dantse Dantse

Wer du bist, was du denkst und wie du fühlst, entscheiden Coca-Cola, Pepsi, Cornetto, McDonald's, Nutella, MüllerMilch, Hipp, Milka, Miracoli, Pringle's, Pizza Margerita & Co. mit!

VOLKS DROGEN

Durch Irrlehre, Irrglaube, industrielle Manipulation zum JUNKIE

ZUCKER-WEIZEN-MILCH-SALZ

legales KOKAIN für das Volk

wie sie

- **unser Gehirn manipulieren**
- **unseren Willen erzwingen**
- **unsere Gedanken steuern**
- **uns abhängig und süchtig machen**

uns so unserer Identität prägen

Besuche uns im Internet:

www.indayi.de

indayi edition

Bibliografische Information der Deutschen Nationalbibliothek:
Die Deutsche Nationalbibliothek verzeichnet diese Publikation in der Deutschen Nationalbibliografie; detaillierte bibliografische Daten sind im Internet über http://dnb.d-nb.de abrufbar.

1. Auflage September 2016

Umschlaggestaltung, Lektorat und Satz: Birgit Pretzsch

Printed in Germany

ISBN-13: 978-3-946551-63-8

Über den Autor

Dantse Dantse ist gebürtiger Kameruner und Vater von fünf Kindern. Er hat in Deutschland studiert und lebt seit über 25 Jahren in Darmstadt. Seit Jahren beschäftigt er sich mit dem Zusammenhang zwischen Gesundheit, Natur und Lebensmitteln. Inspiriert von seinen Erkenntnissen und Kenntnissen aus Afrika, die er in vielen Lehren gelernt hat, von seinen eigenen Erfahrungen und Experimenten, von wissenschaftlichen Studien und Forschungen und von Erfahrungen aus anderen Teilen der Welt hilft er durch sein Coaching Frauen, Männern und Kindern in den Bereichen Ernährung, Gesundheit, Karriere, Stress, Burnout, Spiritualität, Körper, Familie und Liebe. Aufgrund der Einzigartigkeit und des Erfolgs seines Coachings, hat er seine Methoden zur Marke gemacht: **DANTSE™ – Meistere dein Leben**.

Als unkonventioneller Autor schreibt er gerne Bücher, die seine interkulturellen Erfahrungen widerspiegeln. Er schreibt über alles, was Menschen betrifft, berührt und bewegt, unabhängig von kulturellem Hintergrund und Herkunft. Er schreibt über Werte und über Themen, die die Gesellschaft nicht gerne anspricht und am liebsten unter den Teppich kehrt, unter denen aber Millionen von Menschen leiden. Er schreibt Bücher, die das Ziel haben, etwas zu erklären, zu verändern und zu verbessern – seien es Ratgeber, Sachbücher, Romane oder Kinderbücher.

Sein unverwechselbarer Schreibstil, geprägt von seiner afrikanischen und französischen Muttersprache, ist sein Erkennungsmerkmal und wurde im Text erhalten und nur behutsam lektoriert.

DantseLOGIK™
Meistere dein Leben

DantseLOGIK™ Meistere deine Beziehung

DantseLOGIK™ Meistere deine Familie

DantseLOGIK™ Meistere dein Gewicht

DantseLOGIK™ Meistere deine Gesundheit

DantseLOGIK™ Meistere deine Karriere

DantseLOGIK™ Meistere deine Kommunikation

DantseLOGIK™ Meistere deine Krise

DantseLOGIK™ Meistere deinen Stress

DantseLOGIK™ Meistere deine Männlichkeit

DantseLOGIK™ Meistere deine Weiblichkeit

Alle Marken von DANTSE™ Meistere dein Leben

Coaching, das wie Magie wirkt

– das ist das Motto der

DantseLOGIK™

Meistere dein Leben

- DantseLOGIK™. Logik, die Wunder wirkt.
- DantseLOGIK™. Logik, die bewegt.
- DantseLOGIK™. Logik, die glücklich macht.
- DantseLOGIK™. Die Kraft zum Erfolg.
- DantseLOGIK™. Heilt. Wirkt. Garantiert.

Über das Buch

Wer du bist, was du denkst und wie du fühlst, entscheiden Coca-Cola, Pepsi, Cornetto, McDonald‘s, Nutella, MüllerMilch, Hipp, Milka, Miracoli, Pringle's, Pizza Margerita & Co. mit!

Zucker, Milch, Weizen und Salz machen uns zu **Junkies**? Das ist kein Märchen, sondern Realität.

Diese 4 Lebensmittel **manipulieren unser Gehirn** und bestimmen unseren Tag.

Du bist, was Du isst!
Das Essen diktiert mit, was wir denken, was und wie wir fühlen, wie gesund wir sind.

Immer mehr Menschen und immer mehr Kinder fühlen sich genervt, **gestresst**, schlecht gelaunt, **depressiv**, müde, kraftlos und das oft ohne expliziten Grund und ohne Erklärung. Weißt du, dass es an Zucker, Weizen, Salz oder Milchprodukten liegen könnte, die diesen Zustand hervorrufen? Es klingt verschwörerisch, oder?

Hast du öfter **Angst**? Machst du dir dauernd **Sorgen**, denkst überwiegend negativ? Bist du ständig **nervös**, wütend, hasserfüllt, ausgereizt, antriebslos, schlecht gelaunt, **aggressiv** ohne Grund, und du weißt nicht, warum?

Hast du, wenn du ohne Grund **depressive Stimmungen** hast, Lust auf Süßigkeiten, Kuchen, Chips, Cola? Musst du öfter, wenn es dir nicht gut geht, nach **Süßigkeiten** oder **Weißmehlprodukten** greifen, und fühlst dich danach besser?

Hast du ohne Grund **Kopfschmerzen**, **Migräne**, **Darmbeschwerden**?

Reagierst du **euphorisch**, wenn du etwas **Süßes** gegessen hast? Spürst du **Glücksgefühle**, wenn du deine **Nudeln** verzehrst? Und willst du immer noch mehr? Ist **Schokolade** für dich **unverzichtbar** und brauchst du sie, um dich gut zu fühlen?

Egal was du tust und machst, werden du oder dein Kind immer **dicker**? Trotzt aller Warnungen und Bestrafungen isst dein Kind weiterhin heimlich **Süßigkeiten**, klaut sogar Geld oder leiht sich Geld von anderen Kindern, um heimlich welche zu kaufen?

Ist deine **Potenz** im Eimer? Hast du immer weniger Lust auf Sex? Oder bist du plötzlich **sexuell ausgereizt**?

Leidest du an **Allergien**?

Fühlst du dich ohne Weizen, Zucker, Milch richtig schlecht, sogar krank mit **Entzugserscheinungen**, wie eine Klientin des Autors, die starke Krämpfe und Kopfschmerzen bekam, als sie sich das erste Mal seit über fünf Jahren widersetzte, am Abend Cola zu trinken?

Alles das könnte eine **Erklärung** haben: Du bist vielleicht schon **abhängig** von Weißmehl oder Zucker oder Milch oder Salz. Oder alle zusammen haben schon die **Macht** über dich übernommen. Du bist vielleicht schon ein **Junkie** durch Lebensmittel.

Woran das liegt? Dieses Buch zeigt dir, woran es liegt und wie Weizen, Milch, Zucker, Salz dich **berauschen**.

Es versorgt dich mit sehr vielen neuen **Erkenntnissen**, es ist eine tolle Synthese aus wissenschaftlichen **Tatsachen**, afrikanischer

Naturlehre, eigenen **Experimenten** und **Erfahrungen** des Autors Dantse Dantse aus seinen Coachings.

Dantse zeigt dir in diesem Buch, dass deine **aggressive Haltung**, deine ständigen **Depressionen** und **Kopfschmerzen** vielleicht nichts, aber auch gar nichts mit dir zu tun haben, sondern mit dem, was du isst und wie dies dein Gehirn manipuliert und dich vielleicht schon zum Junkie, zum **Foodjunkie**, gemacht hat.

Fällt es dir schwer, auf **Käse** oder **Weißmehlprodukte** zu verzichten? Kannst du dir nicht vorstellen, ohne **Pasta** und **Pizza** auszukommen? Du rastest aus, wenn du deine **Cola** nicht bekommst? Dann bist du schon süchtig.

Denn Milch, Weizen, Zucker, Salz können nachweislich wie **Drogen** in unserem Körper wirken und unser Verhalten, unsere Denkweise, unsere Gefühle, Empfindungen, Geschmäcker und Gesundheit deutlich **beeinflussen** und **mitprägen**.

In extremen **Selbstexperimenten**, die in diesem Buch beschrieben sind, hat Dantse die negativen psychischen Auswirkungen dieser Lebensmittel am eigenen Leib erlebt.

Nach der Lektüre dieses Buches wird dir vieles klar sein!

Inhaltsverzeichnis

Wer du bist, was du denkst und wie du fühlst, entscheiden Coca-Cola, Pepsi, Cadbury, Nutella, McDonald‘s, Hipp, MüllerMilch, Lindt und Co. mit

McDonald's™
Lindt
CLASSIC RECIPE
Barilla
MACCHERONI
KOCHZEIT 7 MINUTEN
MARCA N°1 IN ITALIA
500g℮
Coca-Cola
Schutzmarken
8075 1151
nutella®
FERRERO
15 g
℮
Zutaten: Zucker, Palmöl, HASEL-NÜSSE (13 %), fettarmer Kakao, MAGERMILCH-PULVER (7,5 %), Emulgator Lecithine (SOJA), Vanillin.
Nuss-Nugat-Creme
bei Zimmertemperatur aufbewahren. Ferrero 60624 Frankfurt am
Cadbury
Dairy Milk
pepsi

Schon während meiner Lehre in Afrika lernte ich die Auswirkung von Lebensmitteln wie Zucker, Milch, Weißmehl, Salz usw. auf die Psyche eines Menschen. Damals hatte mein genialer Naturlehrer in einem **Experiment** einen Hund nur mit Milch und Zucker anhängig gemacht. Der Hund wurde plötzlich ohne Grund aggressiv und schlecht gelaunt, wenn er Milch- und Zuckergetränke bekam, war er für einige Minuten wie ausgewechselt und kurz darauf lag er total müde da. Wenn er wieder Kraft bekam, wurde er sofort wieder aggressiv. Unser Lehrer wollte uns zeigen, wie diese Lebensmittel das Gehirn und dadurch unser Verhalten beeinflussen können. So machte er vor über 40 Jahren in vielen Familien mobil gegen Zucker, Weißmehl, Tiermilch usw., die er „Nahrungsmittel der Weißen" nannte.

Auch Jahre später beschäftigte ich mich – auch intensiv in meinen Coachings – immer mehr mit dieser Problematik und beobachtete das Verhalten von Menschen in Bezug auf ihren Verzehr von Zucker, Milch und Weizen. Ich merkte sehr schnell bestimmte Ähnlichkeiten:

- Viele **Kinder**, die auffällig sind (aggressiv, stark antriebslos, viele Probleme in der Schule, Probleme mit dem Lernen, auch dem Auswendiglernen, Konzentrationsschwierigkeiten und Aufmerksamkeitsdefizite, schnell wütend und beleidigend, schlagen schnell zu, willenlos und ängstlich, sich nicht trauen usw.) ernähren sich schlecht und tendieren zu **Übergewicht**. Wenn ich mit ihren Eltern redete, stelle ich fest, dass die große Mehrheit dieser Kinder fast ausschließlich Pizza, Pommes, Chips, Burger und andere **Fertiggerichte** aßen und zu viel Cola oder Fanta oder andere süße Getränke tranken.

- Bei **Erwachsenen** beobachte ich eine ähnliche Tendenz: Viele Menschen die sehr unzufrieden mit sich selbst sind, die oft Migräne und Kopfschmerzen haben, unter Minderwertigkeitskomplexe oder Potenzproblemen leiden, die schnelle und ohne Grund Wutausbrüche haben, die ängstlich, oft schlecht gelaunt, antriebslos usw. sind, neigen dazu, sehr viel **Weizen** (vor allem Pasta oder Pizza), **Milchprodukte** (Käse, Joghurt, Sahne, Schmand), **Süßigkeiten** (Schokolade, Kekse, süße Getränke wie Cola oder Energy Drinks, Kuchen, Joghurt usw.) zu essen und zu trinken und diese zu lieben. Bei manchen kam alles zusammen, bei anderen überwog zum Beispiel nur die Pasta.

- In meinem Coaching bemerkte ich, dass die meiste Menschen, die an **Depressionen** oder **Borderline** litten, sich generell sehr schlecht ernährten. Manche meiner Kunden tranken sogar eine einfache Brühe aus Weißmehl und zu viel Zucker, vermischt in Wasser, besonders in ihrer Krisenphasen.

Bei allen merkte ich auch, dass viele ihrer Defizite verschwanden, sobald sie es schafften, auf diese Produkte zu verzichten. Das war für mich eine Bestätigung meiner Lehre aus Afrika, wie bestimmte Lebensmittel unser Verhalten beeinflussen können.

Ich las und studierte dann hunderte von wissenschaftlichen Studien, die mit dieser Problematik zu tun haben und mein Fazit war klar:

Wer du bist, was du denkst
und wie du dich fühlst, entscheiden
Coca-Cola, Pepsi, Cadbury, McDonald's,
Nutella, MüllerMilch, Hipp und Co mit.

Das klingt sehr martialisch, **verschwörerisch** und nicht denkbar, du fragst dich sicher, wie so etwas möglich sein könnte, ohne dass jemand reagiert und die Politik interveniert? Du bist einer von denen, die sagen, alles, was alle Menschen oder die große Mehrheit der Menschen machen, kann nicht falsch sein? Du bist einer von denen, die **unkritisch** alles, was hinter dem Begriff „**wissenschaftlich**" steht, als Gottes Wahrheit betrachten? Du sagst dir ganz sicher, wenn alle das sagen, alle das essen, du seit deiner Kindheit immer gehört hast, dass Milch gesund ist und sie überall zu finden ist, dann ist sie 100% gesund?

Denkst du so?

Dass **Milch** vielleicht doch auch krank machen kann, fängst du langsam an zu begreifen. Dass **Weißmehl**, **Zucker** und **Salz** dich krank machen können, weißt du sicher, denn davor wird oft gewarnt, obwohl es in fast allem, was du verzehrst enthalten ist. Dass dich aber diese 4 Lebensmittel **umformen** können, das bedeutet, dass sie nicht nur deine Gesundheit beeinflussen und die Form deines Körper diktieren, sondern dass sie auch kontrollieren was du und wie du **denkst** und **fühlst** und deinen Wille **manipulieren**, das bedeutet, letztendlich deine **Identität** mit prägen – das wirst du kategorisch und vehement ablehnen. Es wäre falsch und erfunden und man will nur Angst machen.

Denkst du so?

Leider muss ich dir eine unschöne Nachricht mitteilen: Tatsächlich kennen dich Coca-Cola, MüllerMilch, McDonald's, Nestlé, Danone, Mars, Lindt, Snickers, Cadbury und Co. viel besser als du denkst. Sie entscheiden nicht nur mit, wie gesund du bist, sondern auch, wie du essen sollst und willst, was du denkst, wie du dich fühlst, wie **krank** du wirst, wie glücklich du bist, welche Laune du hast, wie hoch oder niedrig deine **Stress**-Toleranzgrenze ist. Denn die Produkte, die sie herstellen, können dich **abhängig** machen und deinen **Willen** manipulieren.

Dr. Jayne Goldman von der *University of Connecticut*, machte 1986 ein interessantes Experiment. Sie gab Kindern eine Dosis **Zucker**, die der Menge entsprach, die eine Flasche Coca-Cola enthält. 30 Minuten nachdem die Kinder den Zucker gegessen hatten, stellte sie einen Rückgang der geistigen **Leistungsfähigkeit** fest. Nach einer Stunde erreichte dieser Effekt sein Maximum.

In Kinderzentrum von Oklahoma konnte man die **Verbrechens-Quote** von jugendlichen Straftätern um 43% **reduzieren** indem man ihre Ernährung anpasste und ihnen wenig zuckerreiches Essen gab und Junk-Food eliminierte.

1983 machten finnische Wissenschaftler eine interessante Entdeckung bei **Gewalttätern** im Gefängnis. Bei denen, die impulsiv und ohne Grund angriffen, stellten die Forscher fest, dass der

Zuckerspiegel in ihrem Blut plötzlich abfiel und dann schnell wieder stieg. Bei denen, die ruhiger oder weniger aggressiv waren, sanken der Zuckerspiegel schnell, ging aber **langsam** wieder hoch.

Dr. Ron Prinz von der University of Florida, war der erste, der 1980 die Wirkung von Zucker auf das **Verhalten** von Kindern studierte. Er fand heraus, dass viele Kinder, die sehr zuckerreich aßen, **hyperaktiv** waren und ein **Aufmerksamkeitsdefizit** hatten. Sie waren auch **aggressiver** und **ungeduldiger**.

Anhand dieser Studien mit Zucker siehst du, was zum Beispiel die Firma Coca-Cola mit dir und aus dir machen kann, wie sie dich lenkt, deine **Stimmung** kontrolliert und reguliert, ohne dass du es weißt. Und du denkst immer du hättest alles in deinen Händen!

In diesem Buch wirst erfahren, warum das so ist.

In einer 500ml Flasche **Cola** sind fast **40 Stück Würfelzucker** enthalten.

In einem kleinem Glas **Nutella** stecken **78 Stück Würfelzucker**.

In **Fruchtzwerge** Erdbeere von Danone für Kinder stecken pro Becher (50g) ca. **zwei Stück Würfelzucker**.

Im **Kinder-Früchte-Tee** von Hipp stecken **140 Stück Würfelzucker** pro 400 Gramm Trockensubstanz.

In **Steinofenpizza** Hawaii von Wagner (380 Gramm) stecken **8 Stück Würfelzucker**.

In einer **Vollmilchschokolade** von Milka (100 Gramm) stecken **22 Stück Würfelzucker**.

In einer Tüte **Goldbären** (200 Gramm) von Haribo stecken **33 Stück Würfelzucker**.

(Quelle: https://de.sott.net/article/1507-Volksdroge-So-viel-Zucker-steckt-in-Lebensmitteln)

Fakten:
Wer hätte das gedacht?
Überernährung tötet mehr Menschen als Unterernährung

Nichts in der Welt schadet mehr und tötet mehr Menschen als diese 4 Lebensmittel: **Weizen**, **Zucker**, **Milch** und **Salz**. Sie sind die erste Hauptursache von vielen **chronischen Krankheiten** mit Todesfolge auf der Welt.

.

Die Menschen in der westlichen Gesellschaft werden zwar älter, aber nicht gesünder.

Wir hören immer, wie die Wissenschaft betont, dass sie es geschafft hat, dass die Menschen länger leben. Ich stelle mir immer diese Fragen: ist es notwendig und lebenswürdig 90 Jahre lang zu leben, die letzte 25 Jahre aber nur dank vieler Medikamente und Maschinen? An **Alzheimer**, **Demenz**, **Krebs** leiden fast alle älteren Menschen in den westlichen Ländern.

Zurzeit gibt es **mehr übergewichtige** und überernährte Menschen auf der Welt als Unterernährte, mehr Menschen die aufgrund ihrer Ernährung leiden und sterben, als solche, die gar nichts zu essen haben. **Zivilisationskrankheiten** wie Krebs, Insulinresistenz, Schlaganfall, Herzinfarkte und Herzkrankheiten, Osteoporose, Alzheimer, Diabetes Typ II, Bluthochdruck, Arteriosklerose und auch immer häufiger psychische Krankheiten wie Depression und sogar Schizophrenie, nehmen weltweit dramatisch zu. Alles Krankheiten, die von Menschen gemacht sind, bzw. zumindest stark durch die **Industrialisierung der Ernährung** und vor allem durch Milch, Weißmehl, Zucker gefördert werden.

Über **38 Millionen Menschen starben 2012** weltweit – rund 16 Millionen von ihnen waren jünger als 70 Jahre – an den Folgen schlechter und falscher **Ernährung**. Die WHO*** warnte 2015 in einem Bericht vor einer „langsam fortschreitenden **Katastrophe** für die öffentliche Gesundheit."

Die Autorin dieses **WHO-Berichts** über Prävention und Umgang mit chronischen Erkrankungen, Shanthi Mendis, vertritt die Meinung, falsche und schlechte Ernährung ist eine „weitaus größere Bedrohung der Volksgesundheit als jede andere der Menschheit bekannte Epidemie."

Wer hätte es gedacht?

Zum Vergleich: ca. 9.000.000 Menschen sterben jährlich an Folgen der Unterernährung. Die schlechte Überernährung kostet fast 3 Mal so viele Leben.

Schon 2003 warnte die WHO, dass falsche Ernährung bald **Todesursache Nummer eins** in der Welt sein würde. Und bereits damals hieß es:

Zucker, Salz und gesättigte Fettsäuren könnten bereits im Jahr 2020 für drei Viertel aller Todesfälle weltweit verantwortlich sein, wenn die Menschen ihre Ernährung nicht umstellen.

Heute ist es wahr geworden. Nicht Aids, nicht die Unterernährung, nicht die Kriege, nicht die Atombombe, nicht der Terrorismus, nicht die Umweltverschmutzung und die Erderwärmung sind die **Hauptbedrohung** für die Menschheit und die Menschen, sondern das was wir lieben und essen: Die **Lebensmittel** und dabei vor allem Weizen, Zucker, Milch und Salz.

„Deutschland ist ein tödliches Schlaraffenland. Für zwei Drittel aller Todesfälle in Deutschland ist eine ungesunde Ernährung mitverantwortlich" titelte 2011 die Zeitung *Die Welt* in ihrer Online-version. Es ist weiter zu lesen:

> *„Von den jährlich etwa 850.000 Todesfällen im Bundesgebiet gehen mehr als 550.000 zumindest teilweise auf das Konto der Ernährung."*

Fettleibigkeit, Diabetes, Alzheimer, Krebs, Herzinfarkt und andere chronische Zivilisationskrankheiten sind unsere wahren Gegner im Kampf um ein glückliches Leben, auch wenn durch gut durchdachte Marketingstrategien und Öffentlichkeitsarbeit der Industrie und der Politik – wegen der Milliarden Gewinne – viele Menschen immer noch glauben, dass der Tod in der Armut liegt und man deswegen **mehr Angst vor Aids als vor Zucker** hat, obwohl Zucker mehr Menschen tötet als Aids. **Wie verrückt?**

Es gibt Tatsachen, die wir alle wissen oder ahnen, die wir aber nicht wahrhaben wollen, um es nicht so schwer zu haben Entscheidungen zu treffen, die unsere „Sünden“ gefährden könnten. Von dieser **Heuchelei**, die die ganze Gesellschaft betrifft, profitieren einige multinationale Unternehmen, die andere Interessen verfolgen und alles tun, um uns blind und ignorant zu halten. Für mich sind **Milch**, **Weizen**, **Zucker** und **Salz** die schlimmste **Epidemie** und eine große Gefahr für die Menschheit, so wichtig, oder vielleicht gar wichtiger, als die globale Erwärmung, die Atombombe und Unterernährung zusammen.

Dass diese Tatsache uns nicht besorgt, ist der Beweis dafür, wie süchtig wir geworden sind.

***Die WHO ist die Weltgesundheitsorganisation der UNO.

Wissenschaftliche Beweise ja oder nein? Das große Geschäft mit den wissenschaftlichen Studien

Muss alles wissenschaftlich bewiesen werden, damit es uns hilft?

Leider glaubt die große Mehrheit der Menschen in den westlichen Ländern immer noch nur Informationen, die aus der wissenschaftlichen Ecke kommen. Ich bekomme immer viele Briefe von meinen Lesern, die sich beklagen, dass für manche meiner Behauptungen **wissenschaftliche Quellen** fehlen. Obwohl ihnen mit den Ratschlägen geholfen wurde, wollen sie zur Gewissensberuhigung wissen, ob die Wissenschaft über das eine oder das andere schon mal geschrieben hat.

Ich lächele immer darüber, denn dies zeigt, wie sehr wir konditioniert sind, in Einbahnstraßen zu denken. Man nennt es auf Französisch „la pensée unique". Das bedeutet, nur auf eine Art zu denken. Etwa in der Art: „was nicht schwarz ist, muss weiß sein." Dass es zwischen schwarz und weiß noch viele andere Farben gibt, ist für viele Menschen immer noch schwer zu begreifen.

Die Wissenschaft ist sehr wichtig und die Idee des **„wissenschaftlichen Beweises"** finde ich sehr gut und auch ethisch und methodisch, denn es hilft uns zwischen gut, falsch, weniger falsch, seriös, nicht seriös usw. zu trennen und zu unterscheiden, und so kommt das Wissen vorwärts und verbessert unser Leben.

Wir vertrauen der Wissenschaft, wissenschaftlichen Studien, medizinischen Forschungen, denn wir verbinden damit die Hoffnung auf bessere **Gesundheit, Heilung, Wohlstand, langes Leben**. Die Medien stürzen sich darauf und zitieren neue Studien-Ergebnisse wie Trophäen, denen viele Menschen Glauben schenken möchten. Gerade darin liegen die **Missbrauchsmöglichkeiten** und das Geschäft mit den wissenschaftlichen Studien:

Das Geschäft mit unserem Glauben und unserer Hoffnung.

Den Satz **„Vertrauen ist gut, Kontrolle ist besser"** kennt fast jeder von uns. Gerade bei wissenschaftlichen Studien hat dieser Satz seine Berechtigung, damit wir wertvolle und ehrliche Studien von wertlosen und tendenziösen Studien unterscheiden können, die uns nur **manipulieren** wollen, damit wir etwas Bestimmtes tun. Warum?

„Schlank durch Schokolade" diese Doku im ZDF, dem Zweiten Deutschen Fernsehen, brachte großes Medieninteresse. Es ging um das Aufdecken der Wissenschaftslüge „Wer Schokolade isst, nimmt schneller ab", der „Schokoladen-Diät" des „Institute for Diet and Health". Mit Hilfe einer **pseudo-wissenschaftlichen Studie** (einer *fake*-Studie) und ein paar Werbetricks, hatten die Autoren es geschafft, eine völlig absurde Diät seriös erscheinen zu lassen. Die Doku zeigte, ich zitiere: „Wie leicht sich die Medien von dubiosen Studien manipulieren lassen." Die Studie wurde weltweit verbreitet, alle Medien berichteten darüber, was die Wissenschaft wieder geschafft hatte und dass Schokolade hilft abzunehmen. Dabei existiert das Institut, die diese Studien gemacht haben sollte, gar nicht. So einfach wurden Menschen mit dem Begriff „wissenschaftlich" manipuliert und viele dachten nun wirklich, dass man mit Zucker vollgepumpter Schokolade Fett verbrennen kann.

Wir kennen die Problematik auch mit **Asbest**. Ein stark krebserregender Baustoff, der bis Mitte der neunziger Jahre in Deutschland häufig benutzt wurde, bevor er verboten wurde. Davor gab es top-wissenschaftliche Studien von renommierten Forschern, Laboren und Wissenschaftlern, die diesem Stoff seine Ungefährlichkeit bescheinigten. Alle anderen Studien, die vor Asbest warnten, wurden als **verschwörerisch** abgestempelt. Die Realität danach war desaströs. Tausende von Menschen und besonders Bauarbeiter erkrankten wegen Asbest an **Krebs**, weil sie diesen wissenschaftlichen Studien geglaubt hatten. Und so geht mit vielen Studien.

Die Wissenschaft kann sich irren, kann sich korrumpieren und manipulieren lassen, kann Fehler machen.

Die **Medizin** ist besonders davon infiziert, und somit ist unsere Gesundheit manipulierbar.

Viele Ärzte und Forscher, die uns mit Wissen versorgen, bekommen Geld von der Industrie für ihre Mitarbeit. In den Medien wurde schon von Schein-Studien berichten. Mediziner, die Geld für eine Studie kassieren ohne wirklich eine richtige Studie durchgeführt zu haben, ihr Ergebnis aber „wissenschaftliche Studie" nennen. Wir kennen Fälle, wo diese Mediziner vor Gericht gelandet sind und ihre Studie widerrufen mussten.

Manche Quellen meinen, dass bis zu 90% der Studien in irgendeiner Form manipuliert sind. Ich nenne nur einige Fälle: **Astra Zeneca** und **Bayer Vital**, **Lucentis**. **Lipobay** und so weiter.

Wissenschaftliche Standards werden nicht immer respektiert

In mehr als der Hälfte aller medizinischen Forschungsarbeiten werden die wissenschaftlichen Standards nicht eingehalten, sagt der klinische Koordinator am Deutschen Zentrum für Neurodegenerative Erkrankungen (DZNE), Dr. Ulrich Dirnagel, der viele medizinische Studien auf ihre Stichhaltigkeit untersucht hat. Er fand heraus, dass die **Dokumentation** von vielen wissenschaftlichen Arbeiten unvollständig und sogar manipuliert ist. Dirnagel veröffentlichte seine Untersuchungsergebnisse 2015 im Fach-Journal *PLoS Biology*.

Erfundene medizinische und wissenschaftliche Studien und Erkenntnisse ermöglichen einen hohen Umsatz des betreffenden Medikamentes oder anderer Produkte.

Es geht auch um die Vermeidung von **Schadenersatzansprüchen**. Viele Firmen stellen Medikamente her, die mit der Zeit

Menschen schaden. Es wird dann mit allen Mitteln versucht, die Ursache des Schadens nicht in den betreffenden Medikamenten zu sehen, sondern woanders. Dafür nutzen sie Labore, Forscher, Mediziner, die mit zahlreichen Studien belegen sollten, dass das Medikament okay ist.

Nicht immer geht es um Geld. Manchmal geht es um den Namen, um den Ruf und um Ruhm. Um den Kampf unter Wissenschaftlern und um gegenseitige Sabotage.

Hiermit möchte ich die Leser nur warnen, nicht einfach blind alles zu glauben, was sich hinter „wissenschaftlich" verbirgt und nicht all dem, das diesen Namen nicht trägt, unkritisch zu misstrauen.

Kontrolle ist gut, egal aus welcher Ecke Informationen kommen. Das Beste ist das **Selbstexperiment**: selbst testen und ausprobieren, was der Ratgeber empfiehlt – solange es nicht schaden kann – ist die richtige Kontrolle.

Die „pensée unique“ hindert uns daran, weiterzukommen und andere Wahrheiten zu erfahren, denn die wahre Gesundheit liegt **in deinen eigenen Händen**. Du kannst viel mehr für dich tun, als uns gesagt wird. Du kannst gesund leben **ohne Medikamente**, **ohne chronische Krankheiten**, wenn du auf die Natur vertraust, eine positive Einstellung zu dir findest, dich bewegst, deine Ernährung umstellst. In der **Ernährung** liegt ein Großteil unserer Gesundheit und deine Ernährung liegt in deinen Händen, in deinem Macht- und deinem Wissensbereich und nicht in „wissenschaftlichen Studien“. Dieses Wissen zeige ich dir erfolgreich in meinen zahlreichen Büchern, ohne dass ich Mediziner bin.

Sind wir nicht eigentlich alle ein bisschen Mediziner?

Mit der DantseLOGIK™ – Meistere deine Gesundheit wirst du selbst dein eigener Mediziner.

Einführung

Hast du sicher schon sicher gehört, dass jemand sagt, ich kann nicht auf Käse oder Nudeln verzichten. Hast du vielleicht gedacht, die Person sagt das nur so, weil sie Hunger hat? Tatsächlich kann sie wirklich nicht darauf verzichten. Sie ist **abhängig**. So funktioniert es auch mit Zucker. Ich habe Klienten gehabt, die mir sagten, dass sie manchmal um 3 Uhr aufstehen, um etwas Süßes zu sich zu nehmen, sei es eine **Cola** zu trinken, ein Stück **Schokolade** zu essen, ein Glas **Milch** zu trinken oder ein paar **Nudeln** oder ein Stück **Brot** zu essen. In den meisten Fällen glauben sie, dass sie nur Hunger oder Durst haben. Aber dass sie gesteuert sind und dass diese Gelüste nichts mit Hunger und Durst zu tun haben, können die meisten gar nicht nachvollziehen. In vielen meiner Experimente erkannten sie dann, dass sie wie **Drogen- und Alkoholsüchtige** agierten.

Eine Frau bekam **Krämpfe** in der Nacht, in der sie sich zum ersten Mal in ihrem Leben widersetzte, abends Cola zu trinken.

Ein Mann, der mir glaubhaft erklären wollte, dass er wirklich nur Hunger habe und deswegen mitten in der Nacht aufstehen müsse, um zu essen, erkannte, dass es kein Hunger war, als er auf meinen Ratschlag hin ein **Experiment** durchführte, das ich selbst schon gemacht hatte.

An diesem Abend gab es zu Hause **keine Milch, keine Nudeln, kein Brot, keinen Zucker**. Stattdessen kochten wir etwas Afrikanisches, das ihm auch sehr gut schmeckte. Es gab **Kochbanane**, in Wasser gekocht, mit gebratenem **Blattspinat**. An diesem Abend aß er 800 Kcal und war zufrieden und voll und wollte auch danach keinen Nachtisch. In der Nacht bekam er Hungergefühle, aber ignorierte sie und **schlief** weiter. Es war nicht so schlimm sagte er.

Am nächsten Tag wurden am Abend gegen 19 Uhr **Nudeln mit Tomatensauce** gekocht, mit **Hartkäse** drauf. Er aß zwei Teller und es waren über 1000 Kcal. Gegen 21 Uhr hatte er Lust auf etwas **Süßes**, und kurz bevor er ins Bett ging, nahm er sich noch ein paar Nudeln. Nachts stand er tatsächlich auf und aß noch ein paar Nudeln, weil er **Hunger** hatte.

Für den nächsten Tag hatten wir etwas anderes abgemacht. Er aß Nudeln, wie am Vortag, aber es gab keinen Rest. Und das Haus war frei von Milch, Zucker, Weizen. Was es noch zu essen gab war **Kochbanane mit gebratenem Gemüse**, was wir in den Kühlschrank stellten, so wie er es immer machte, wenn es Essensreste gab. Der Abend lief genauso wie vorige. Nachts bekam er wieder diesen Hunger, stand auf und sah, dass es nur Kochbanane zu essen gab, sauer ging er dann wieder ins Bett und schlief weiter.

Hast du etwas gemerkt? Wenn es wirklich **Hunger** gewesen wäre, der so stark ist, dann hätte er die Kochbanane gegessen, um den Hunger zu stillen. Es war **kein echter Hunger**. Es waren vorgetäuschte Hungergefühle, die eigentlich nur **Lust** auf bestimmten Dingen bedeuteten. Sein Körper brauchte Weizen und sein Bauch übermittelte seinem Gehirn ein **falsches Signal**, dass der Bauch leer sei, dass er „Hunger" habe, obwohl er voll ist. Und dieser Hunger hatte nur mit ganz bestimmten Nahrungsmitteln zu tun. Als er dann sah, dass es diese Lebensmittel gar nicht gab, war der Bauch auf einmal wieder voll und er hatte keine Lust mehr zu essen.

Dieses Experiment entstand aus meinen eigenen Erfahrungen, wie zahlreiche andere, die du in diesem Buch finden wirst, mit Erklärungen dazu, warum es so ist bzw. sein könnte. Manche sind wissenschaftlich belegt und bei manchen ist die Wissenschaft noch weit hintendran.

Dieses Buch ist **kein wissenschaftliches Buch** im Sinne von immer belegten und bewiesenen Fakten. Bei meinen Ratgebern, die bis jetzt immer vielen Menschen geholfen haben und im Gegensatz zu „rein wissenschaftlichen Büchern" auch Bestseller waren, nutze ich das **Wissen aus der Natur**, das ich mir bei meiner **Lehre in Afrika** angeeignet habe, meine eigenen **Erfahrungen** und eigenen Experimenten an mir selbst, die Erfahrungen aus meinen erfolgreichen **Coachings**, Erkenntnisse aus zahlreichen selbstorganisierten **Umfragen** und dem Studieren von zahlreichen wissenschaftlichen **Studien**. Nicht alles kann wissenschaftlich belegt werden, wie auch Einstein und viele andere große Wissenschaftler erkannten.

Ferner ist im Blick zu halten, etwas nicht gut oder schlecht ist, nur weil es wissenschaftlich erklärt wird oder nicht. Nicht nur weil die **Wissenschaft** immer eine Verspätung gegenüber dem Wissen der Natur hat, sondern auch, weil es um ein großes **wirtschaftliches Interesse** geht. Das ist der Grund, warum es in fast allen Bereichen der Ernährung fast immer **widersprüchliche Meldungen** aus der Wissenschaft gibt, je nachdem aus welcher Ecke die Studie kommt und wer sie **finanziert** hat, welches Labor zu welchen großen Firmen gehört und welche Wissenschaftler Geld von wem bekommen.

Es ist schwer, die Menschen zu informieren ohne zu pauschalisieren. Denn die Hürden, die uns gestellt wurden, um etwas zu beweisen sind zu hoch. Die sogenannten **„wissenschaftlichen Studien und Beweise“** sind ein großes **Geschäft** geworden und die **Industrie** und die **Politik** profitieren mehr davon als das Volk. Wer hat schon die Mittel, um moderne Labore zu errichten? Wer kann in großen Zeitungen und bei internationalen Konferenzen berichten? Wer kann den besten Forschern top Gehälter zahlen? Somit kann man das Volk wie man will **verdummen**, „**verkranken**" und es macht sogar aktiv mit. Sobald du etwas anderes schreibst als das, was die großen Studien besagt haben, wird dir vorgeworfen, **Angst** zu schüren, **hysterisch** zu sein oder **Verschwörungstheorien** zu verbreiten.

Ich werde öfter gefragt, hast du wissenschaftliche Beweise für dies oder für das? Wo ist die Quelle deiner Behauptungen? Usw. Obwohl es viele Beweise dafür gibt, dass nicht alles, was wissenschaftlich bewiesen ist, auch wissenschaftlich wahr ist, sind wir sind so damit aufgewachsen, **nur dem Wissenschaftlichen zu glauben**, dass wir selten Studien in Fragen stellen. Es ist eine Art, uns selbst nicht in Frage zu stellen, damit wir uns ohne schlechtes Gewissen zerstören können, nur weil wir keine Verantwortung übernehmen und keine schweren Entscheidungen treffen wollen.

Brauche ich eine wissenschaftliche Quelle, wenn ich auf Weizen verzichte und dann keine **Kopfschmerzen** mehr habe, sobald ich aber wieder Weizen zu mir nehme, Kopfschmerztabletten meine Freunde werden? Lieber verzichte ich auf wissenschaftliche Studien und habe aber keine Kopfschmerzen mehr.

Wenn ich auf A verzichte und Beschwerde B verschwindet, was will ich noch? Was hilft es mir, was eine Studien dazu gesagt oder nicht gesagt hat?

Jeder muss für sich selbst sorgen, anstatt der Rechtanwalt von **Ideologien** und **Prinzipen** zu sein, die einem aber selbst nichts bringen.

Wer sich nur auf wissenschaftliche Studien stützt, um seine Gesundheit zu schützen, schadet ihr langfristig. Hast du dich schon einmal gefragt, warum etwas heute wissenschaftlich bewiesen toll ist für den Körper, und 25 Jahre später, wenn die **Patente** abgelaufen sind, und ein neues Produkt entstanden ist, plötzlich vor dem alten Produkt gewarnt wird, das man jahrelang als hervorragend gepriesen hat? Stattdessen wird nun auf das neue Produkt verwiesen und als wissenschaftlich top empfohlen!

Meine Bücher schaffen Vorsprung. Das ist der Grund warum sie immer etwas Besonderes sind. Dieses Buch ist eine tolle Synthese aus wissenschaftlichen Tatsachen, afrikanischer Naturlehre, Wissen aus vielen Teilen der Welt, eigenen Experimenten,

Forschungen und Erfahrungen aus meinem Coaching. Es hat alles in sich wie kein anderes Buch zuvor und versorgt dich mit sehr vielen neuen Erkenntnissen, die du bis heute so nicht in Betracht gezogen hast. Vielleicht hilft dir dieses Buch die Ursache einiger deiner Beschwerden zuerkennen und sie richtig zu bekämpfen.

Dieses Buch kann deine Gesundheit verändern.

Ja, es kann dein Leben verändern, verbessern und dich glücklich machen.

Unsere Ernährung, die wahre Droge: Wenn Weizen, Milch, Zucker und Salz zur Religion werden und aus Lebensmitteln Drogen werden

Nahrungsmittel werden **Futtermittel**, Wir werden gefüttert, wie Tiere. Es geht nur noch darum, uns satt zu kriegen und daraus Gewinne zu machen.

Nicht nur Kokain, Zigaretten und Haschisch machen uns süchtig und krank. Viel gefährlichere **Drogen** sind Weizen, Milch, Zucker, Salz, die mehr **Leid** bringen, mehr **schaden** und häufiger den **Tod** bringen.

Unsere ganze moderne Ernährung dreht sich um Milch, Weizen, Zucker und Salz. Es gibt keinen Ort und kaum eine Speise, wo man diese Nahrungsmittel nicht findet, mal natürlich, mal künstlich und chemisch.

Jeder isst Zucker, Weißmehl, Milch, Salz und das scheint normal zu sein.

Zucker, Milch, Weißmehl und Salz sind **überall**, auch da, wo wir es am wenigsten erwartet hätten. Die kleinsten Snacks sind voll mit Zucker. Alles wird getan, dass wir diese vier Lebensmittel im Übermaß konsumieren. Überall, wohin wir auch gehen, gibt es Süßigkeiten und gesüßte und gesalzene Dinge. Im Supermarkt stehen sie ganz vorne an der **Kasse**, damit die Kinder es nicht verpassen, im **Kino**, in **Tankstellen**, in **Bahnhöfen**, auf dem **Sportplatz**, im **Schwimmbad**, am **Strand** usw.... dürfen sie nicht fehlen. Großeltern versorgen die unschuldig Enkel mit Süßigkeiten, um ihre **Liebe** zu Enkel und Enkelin zu zeigen. Bei **Feiern** und zum Vergnügung bieten wir fast ausschließlich süße Dinge an: **Gebäck, Kuchen, Getränke und Desserts**. Diese Gewohnheit machen wir zu unserem **Dogma**: Wir ernähren uns von Zucker, Mehl, Salz, Milch von morgens bis abends. Es ist sehr schwer dies zu vermeiden. Wir werden regelrecht dazu gezwungen, sie zu essen. Wir preisen, loben, beten sie an. Wenn wir traurig oder unzufrieden sind, wenn es uns nicht gut geht, wenn wir Erfolg haben und glücklich sind.

Zucker, Milch, Weißmehl, Salz Halleluja Amen

Ein Tag ohne Lieblings-Cola? Ohne den Schokoladennachtisch? Das ist für viele kaum vorstellbar. Zucker, Milch, Salz und Weißmehl-Produkte werden zum **Gebet** und sind bei vielen Menschen **gottgleich** oder sogar höher gestellt.

Anstatt Gott Danke zu sagen, rennen wir zu diesen Lebensmitteln und bedanken uns bei ihnen. Wir glauben mehr an sie als an Gott. Ein **Ritual** entsteht und die Ernährung wird somit unsere wahre **Religion**, die Religion der modernen Menschen mit vielen **Göttern: Weißmehl, Milch, Zucker, Salz,** auf die wir nicht mehr verzichten oder sie wenigstens reduzieren können, ohne in Gefahr zu laufen, als **Verschwörungstheoretiker**, Ungläubiger oder Sektenanhänger zu gelten. So tief sind die Sucht und die Programmierung in uns, diese Religion als die einzige wahre zu betrachten.

Diese **Konditionierung** auf Weizen, Milch Zucker und Salz ist beunruhigend und fahrlässig, weil diese Lebensmittel in den übermäßigen Mengen, die wir zu uns nehmen, und vor allem in ihrer industriellen Form, eine **Gefahr für den Körper** sind. Diese Programmierung, die wir bekommen haben, ist sehr tief verankert und sehr schwer zu entfernen.

Niemand fragt sich, warum bestimmte Krankheiten immer aggressiver und verbreiteter werden, trotz großer medizinischer Fortschritte.

Die Welt um dich herum hat sich unaufhaltsam verändert. Diese Produkte, die zum Teil seit Tausenden von Jahren von unseren Vorfahren gegessen wurden, waren nicht immer schlecht. Es waren bis vor 50 Jahren noch nahrhafte Lebensmittel. Doch dann kam die **Industrie**, das **Geld** und **Gier**.

Beobachtungen, die zeigen, wie die Ernährung unser Verhalten beeinflusst: Was in dir passiert, ohne dass du es weißt – die Konditionierung des negativen Gefühls durch Lebensmittel

Wie zum Beispiel Zucker uns dazu bringt wütend zu sein

Es kann sein, dass du wütend bist, nicht weil du wütend sein willst oder musst, oder weil der Kollege dich geärgert hat, sondern weil der Zucker es so will, weil Coca-Cola es will.

Programmierung und Abhängigkeit gleichzeitig

Sobald wir **geboren** sind, oder sogar noch im **Bauch** der Mutter, werden wir schon mit Zucker in der einen oder anderen Form konfrontiert. Die meiste **Babynahrung** enthält Zucker in irgendeiner Form. Die meisten Studien zeigen, dass viele Lebensmittel wie Breis, Getränke, Kekse für Säuglinge **überzuckert** sind und **viel Salz** enthalten.

Durch fehlgeleitete **Propaganda** und **aggressive Werbung**, unterstützt von Medien und Experten, wird uns suggeriert, dass zum Beispiel Schokolade uns gut tut und Stoffe enthält, die unser Gemüt besänftigen und uns fröhlich und glücklich machen.

Es wird uns empfohlen, ein Stück Schokolade zu essen, wenn es uns schlecht geht, oder Eis, weil es uns erfrischt.

Um diese Behauptung in der Werbung zu unterstützen, werden selbstverständlich **wissenschaftliche Studien** und Ergebnisse von Forschern heran gezogen. Forscher, die von den gleichen Leuten (der Industrie) finanziert werden. Sie wissen genau, dass besonders der westliche Mensch beim Hören des Wortes „wissenschaftlich" alle seine Bedenken und seine Selbstfürsorge aufgibt, denn in diesem Kulturkreis wird die Wissenschaft mehr geehrt als Gott.

Dass in den meisten **Schokoladen**, die verkauft werden, kaum Kakao enthalten ist, sagen uns diese wissenschaftlichen Studien nicht. Wir sind schon so konditioniert, dass wir denken Schokolade ist gleich **Kakao**. Würde die Werbemaschinerie sagen, dass Kakao für **gute Laune** sorgt, dass er **Magnesium** enthält, die **Blutgefäße** gesund hält und das **Herz-Kreislaufsystem** schützt, würde ich sofort zustimmen, Kakao ist wirklich ein Medikament, das ich als Kind in Kamerun oft gegessen habe. Aber Schokolade mit einer ausreichenden Menge Kakao mit diesen guten Eigenschaften ist selten und teurer, und die, die **kaum Kakao enthalten**, aber dafür massig Zucker, Fett, Milch, Weizen sind sie, zu der die Werbung uns verleitet.

So wird uns bewusst suggeriert, unbewusst massig Zucker zu uns zu nehmen, weil dieser uns gut tun würde und unsere Frustration, schlechte Laune, Wut eindämmen wird. Durch den Glauben konditionieren wir unser Essverhalten auf Schokolade. **„Wenn es mir schlecht geht, tut mir die Schokolade gut"**, so wird das Axiom im Gehirn festgelegt. Die Programmierung nimmt ihren Lauf.

Aber das allein macht uns noch nicht abhängig von der Schokolade, von der wir große Schwierigkeiten haben uns zu trennen. Die **Abhängigkeit** hat mit dem **Zucker** zu tun, denn ein Stoff in diesem Zucker wirkt **berauschend**, in unserm Gehirn, wie Morphium, und ist zuständig für dieses **Glücksgefühl**, denn der Stoff lässt das Gehirn **Glückshormone** ausschüttern, die ähnlich wie Alkohol oder Drogen unsere Gefühle steuern. Und das weiß die Industrie genau.

Je mehr Schokoladen wir essen und somit **massig Zucker** verzehren, desto **abhängiger** werden wir und essen noch viel mehr. Nun übernimmt die Lust nach Zucker unser **Gehirn**. Und es hat schon seine Tricks. Es weiß genau, dass du ihm schon suggeriert hast: **„Wenn es mir schlecht geht, tun dir die Schokolade gut.“** Du hast es doch die ganze Zeit unbewusst so erzogen. Da das **Gehirn** schon „abhängig“ ist und ständig diesen „leckeren“ Stoff will, setzt es oft seine bekannten **Tricks** ein. Es weiß, dass du durch die Selbstprogrammierung deine **Reizbarkeits-Toleranzgrenze** herunter gesetzt hast. Es lässt dann schlechte und negative Gefühle wie Wut, schlechte Laune, Ärger, Trauer, Unzufriedenheit, Antriebslosigkeit, Angst, Sorge usw. in dir entstehen, denn es weiß, dass du, um dich zu **beruhigen**, auf Schokolade zurückgreifen wirst. So kommt er immer an seinem Stoff.

Da es also eigentlich um **Zucker** geht, nicht um Kakao, der kaum in Schokolade enthalten ist, greifst du selbstverständlich auf alle **Süßigkeiten** zurück, um deine **gute Laune** und das **Glücksgefühl** wieder zu erlangen.

Ohne es zu wissen, erfüllst du **fremde** Funktionen und glaubst fest daran, dass dies dein **Wille** ist.

So geht es auch mit Salz, Milchprodukten, Nudeln, Käse, die uns regelrecht **berauschen** und uns **diktieren**, wie und was wir essen müssen, wie es uns geht und was wir fühlen sollen.

Du verstehst jetzt vielleicht, warum du manchmal spontan einfach so sauer oder gestresst bist, schlechte Laune hast, ohne Grund unglücklich bist. Das könnte mit Weizen, Milch, Zucker und Salz zu tun haben.

Wie das passiert, wie industriell produzierte Milch, Weizen, Zucker, Salz eine Gefahr für die Gesundheit geworden sind und im Körper wie Drogen wirken, wie wir zu **Junkies** werden (jetzt wirst du verstehen, warum es **Junkfood** heißt) wirst du in den nächsten Kapiteln erfahren und dich davon überzeugen.

1. DROGE: MILCH

Ein unglaubliches Phänomen mit vielen Wiedersprüchen – das Lebensmittel MILCH

Es gibt selten ein Lebensmittel, dessen Image und dessen Realität so weit auseinander liegen, wenn man die wissenschaftlich bewiesenen **gesundheitlichen Schäden** auf der einen Seite und auf der anderen Seite sein **gesundheitsförderndes Image** bei den Menschen betrachtet, wie die Milch.

Milch ist sehr beliebt, weil sie eine Menge **Calcium** enthält, sie soll **Osteoporose** verhindern und galt (und gilt immer noch) für **Kinder**, die sich im Wachstum befinden, als unerlässlich. Aber alle Studien zeigen, dass die Länder mit dem höchsten Konsum von Milchprodukten die höchsten Raten von **Osteoporose**, **Knocheninstabilität** und **Knochenbrüchen** haben. Ein klarer Widerspruch zu dem, wie man Milch normalerweise darstellt.

Es gibt neben Zucker kaum ein anderes Nahrungsmittel, das so gesundheitsschädlich ist, wie Kuhmilch und Milchprodukte.

Nicht nur, dass die Mehrheit der Menschen auf der Erde unter Kuhmilch-Unverträglichkeit leidet, sondern auch, weil viele Studien belegen, dass die Kuhmilch **Ursache** vieler **entzün-**

dungsbedingten und **chronischen Krankheiten** ist, wie Krebs, Herz-Kreislauf-Erkrankungen, Diabetes, Alzheimer, Demenz. Milch kann die **Stoffwechselfunktionalität** stören, fördert Akne, Erkältung, Karies, besonders bei Kindern, die Milch aus der Flasche trinken (Milchzucker oder Lactose), Regelschmerzen.

Große Menge von **Schadstoffbelastung** (Dioxine, PCB, Schwermetalle.) findet man in der Kuhmilch.

Nun zeigen auch immer mehr Studien, dass Kuhmilch und Milchprodukte sogar unser Gehirn angreifen und uns abhängig machen können wie Drogen (**Kasomorphine**).

1.1. Was ist Milch und wie entsteht sie? (Kuhmilch)

Milch ist laut Wikipedia eine weiße, trübe **Emulsion** bzw. kolloidale Dispersion von Proteinen, Milchzucker und Milchfett in Wasser.

Die Hauptnährstoffe in der Milch sind die **Proteine**, **Fette**, **Glucose**, **Calcium** und **Vitamine**.

Die häufigsten Proteine, die etwa 80 % der Gesamtproteinmenge ausmachen, sind die **Caseine**.

Das wichtigste Kohlenhydrat in der Milch ist **Lactose**.

Der **pH-Wert** von Milch schwankt zwischen 6,7 für frische Milch bis etwa 4,5 für saure Milch.

Der natürliche **Fettgehalt** von Kuhmilch liegt bei ca. 4,2 %.

1.1.1. Wie kommt die Milch in die Kuh?

Hier eine lustige, kurze und einfache Erklärung, damit jeder es gut verstehen kann, ohne viele wissenschaftliche und technische Ausdrücke:

Die Milch entsteht im Euter

Schon vor der Geburt des Kalbs entsteht die Milchbildung im Muttertier. Sie wird ausgelöst durch das Hormon Prolaktin im Gehirn des Rindes. Dieser spezielle Stoff regt die Milchdrüsen im Euter an. Er besteht aus Drüsengewebe mit ca. 2 Milliarden winzigen Hohlräumen, die mit den Milchdrüsenzellen ausgekleidet sind. Diese Drüsen erzeugen immerzu die Milch. Bis zu 15 Litern können im Euter aufgenommen werden. Damit die Flüssigkeit nicht ungehindert ausfließt, verschließt ein Ringmuskel die Zitze am Euter.

Aber warum hat die Milch eine andere Farbe als das Gras?

Im Verdauungstrakt der Kuh wird das Gras aufgespalten und aufbereitet. Die dabei entstehenden Nährstoffe sind die Ausgangsstoffe für die Milch. Sie werden durch das Blut in das Euter transportiert. Erst hier in den Milchbildungszellen erfolgt die eigentliche Umwandlung in die Milch.

Die Milch entsteht durch eine chemische Umwandlung der Ausgangsstoffe. Die einzelnen Bestandteile werden wie in einem Baukastensystem neu zusammengesetzt. Zum Beispiel wird Blutzucker in Milchzucker umgewandelt. Auch die Zusammensetzung von Eiweiß und Fett in der Milch ist anders, als die zuvor im Blut. Das sieht man auch an der Farbe der Milch. Die ist immer weiß, egal welche Farbe die Nahrung hat. Damit 1 Liter Milch entstehen kann, muss das Drüsengewebe von 500 Litern Blut durchflossen werden. Eine ganze Menge. So viel Milch am Tag zu produzieren ist anstrengend. Sicherlich ein Grund, warum Kühe den ganzen Tag rum stehen, liegen und fressen.

Text: Informationsbüro Milch & Markt

1.1.2. Frische Vollmilch? Wie frisch ist unser Milch? Wie kommt die Kuhmilch in den Supermarkt und auf unserem Tisch?

Frische Vollmilch? Viele lesen diese Beschriftung auf der Milchverpackung und glauben wirklich, dass sie dabei sind, natürliche Milch zu trinken.

Wenige Menschen wissen wirklich, was echte Kuhmilch ist. In vielen Ländern wird Milch meistens pasteurisiert oder intensiv erhitzt (H-Milch) und somit verliert sie die wahren Eigenschaften der Milch und hat eigentlich nichts mehr mit der Milch zu tun.

Und was ist mit frischer Milch? Auch die frische Milch muss sich dennoch bestimmten Verarbeitungsprozessen unterziehen bis sie auf unserem Tisch steht:

Die Milch wird **maschinell gemolken**.

Die Milch erlebt verschiedene **Temperaturänderungen**:

Sie wird **gekühlt** (Die Milch erfährt eine Temperaturänderung bis zu 30° kälter. Die Kühlung sorgt für Schäden in der Milchfett- und Milcheiweissstruktur. Somit verliert sie die natürliche Trinktemperatur, die der Körper normalerweise erwartet und ihm hilft, sie normal zu verwerten).

Normalerweise und natürlicherweise wird das **Licht** niemals die Milch treffen, denn sie sollte vom Mutter-Euter direkt in den Mund des Kälbchens. Dieser Kontakt mit dem Licht verändert die Milchstruktur ebenfalls und die Milch fängt schneller an, biologisch abzubauen und so können sich Mikroorganismen und Krankheitserreger bilden. Deswegen wird Milch vorsorglich, je nach Art von Milch, erhitzt: bis zu 130° für **H-Milch** und 75° für **pasteurisierte Milch**, auch wenn man sie direkt beim Bauern kauft. Eine erhitzte Milch verliert verständlicher- und logischerweise ihre natürlichen gesunden Eigenschaften.

Diese starken **Temperaturänderungen** töten zwar gefährliche **Bakterien**, die durch Menschenprozesse entstanden sind, aber auch wertvolle Bakterien z.B. **Milchsäurebakterien**, die in der natürlichen Muttermilch enthalten sind und dem „Baby" helfen sollen, ein starkes **Immunsystem** zu entwickeln. Diese Bakterien sind genau dem „Baby" angepasst und können ihm nicht schaden, anders als die aus der pasteurisierten Milch.

Es wird uns gesagt, dass pasteurisierte Milch chemisch gesehen genauso ist wie die **Rohmilch**, weil sie immer noch diese wichtige Mineralstoffe besitzt, aber viele Studien zeigen, dass ein Kalb nach nur 6 Monaten sterben würde, würde es nur pasteurisierte Milch trinken würde.

Wir haben schon gelesen, warum Milch pasteurisiert wird. Es müsste eine Möglichkeit gefunden werden, um die Rohmilch noch **so natürlich wie möglich** als frische Milch zu servieren, ohne dass die Bakterien, die durch Verarbeitungsprozesse entstanden sind, uns schaden. Pasteurisierte Milch ist ganz sicher eine veränderte Mich mit weniger Qualität als Rohmilch. Die

Pasteurisierung verändert nicht nur die Struktur der Milch, sondern auch das **Mineraliengewicht** und den **Fettgehalt**. Der Fettgehalt wird angepasst und genormt und hat nichts mehr zu tun mit der ausgewogenen „Muttermilch".

Dann wird die Milch gelagert und in Höchstgeschwindigkeit in **Tankwagen gepumpt** und **abtransportiert** und dann wieder rausgepumpt und in Flaschen und Tüten abgefüllt (somit kommt sie nicht wie von der Natur vorgesehen vom Euter direkt in den Mund des Babys, und außerdem hat diese mechanische Belastung die Struktur der Milch verändert)

Die heutige Milch, die überall in Supermärkten zum Verkauf angeboten wird, hat nichts mehr mit der Milch zu tun, die die Kuh ausgegeben hat und **frisch**, wie sie beworben wird, ist sie längst nicht mehr.

1.2. Mythos Milch, Milch heute: Was steckt wirklich in der Milch?

Jeder von uns hat seit dem **Kindesalter** gelernt, dass **Milch** sehr gesund ist und getrunken gehört, wenn man **gesund** sein will.

Die Marketingstrategie der Industrie, unterstützt durch die Ärzte, geht voll auf und das mit gutem Gefühl und gutem Gewissen, wenn wir uns mit Milch fast „ertrinken“, denn wir glauben und gehen davon aus, dass wir etwas Gutes für unser Gesundheit tun.

Dass das **Gegenteil** der Fall sein könnte, dass Milch die Knochen nicht stärkt, wie uns gesagt wird, und das Gegenteil bewirkt, kann die große Mehrheit von uns selbstverständlich gar nicht glauben. Viele nannten mich zuerst **Scharlatan** oder behaupteten, dass ich ein **Verschwörungstheoretiker** wäre. Aber später mussten sie doch ihre Meinung revidieren und die Milch langsam kritischer betrachten, als ich ihnen nur eine Frage stellte:

Wenn die Milch wirklich die Knochen so stärken würden, wie uns gesagt wird, würde doch die Kuh selbst, die wegen ihres Gewichts doch stärkere Knochen braucht als wir Menschen, niemals auf ihre Milch verzichten, oder?

Kühe trinken nur als „Baby“ (Kalb) Milch, nach zwei Jahren ist Schluss. Warum würde die Kuh dann auf das wichtigste für ihre Knochen verzichten? Die Natur hat nicht vorgesehen, dass Tiere (dazu gehören auch Menschen) **Milch im Erwachsenenalter** trinken. Die Menschen sind die einzigen Lebewesen auf der Welt, die das tun, bzw. die auch andere Tiere dazu bringen, es zu tun. Unser Körper ist deswegen nicht darauf vorbereitet, im Erwachsenenalter Milch problemlos zu verarbeiten, denn Milch hilft den Babys etwas zu erreichen, das wir als Erwachsene schon erreicht haben. Die „Mehrmilch“ im Körper kann deswegen nur noch **schaden**. Hmmm, dann fingen meine Kritiker doch noch an, sich Gedanken zu machen.

Bedenke außerdem: noch vor 50 Jahren hat eine Kuh weniger als **3000** Liter Milch im Jahr produziert, 1980 war sie bei **4180** Litern Milch pro Jahr, 1998 waren es bereits **5350** Liter, Tendenz weiter steigend ... Das kann nur gehen, wenn die Kühe künstlich, technisch und genetisch manipuliert dazu gebracht werden und hochleistungsfähige Futtermittel (chemisch verändert) bekommen, die eine solche Milchproduktion fördern.

In der Milch steckt, was in die Kuh reingetan wird

Bevor ich dir erkläre, warum und wie Milch und Milcherzeugnisse deine Gesundheit regelrecht sabotieren und dich nach Milchprodukten süchtig machen, schauen wir zuerst mal an, **was wirklich in der Milch steckt** (habe dabei immer die Erklärung in Kapitel 1.1.1 „Wie kommt die Milch in die Kuh?" im Blick, denn damit verstehst du besser, warum das, was die Kühe essen, ihre Milch radikal beeinflusst):

- Rückstände **östrogenhaltiger** Stoffe: **Weibliche Hormone** im Übermaß, denn die Kühe müssen künstlich „schwanger" gehalten werden, damit die ganzjährig Milch erzeugen können. Sie bekommen zur Leistungs-, und Wachstumssteigerung Hormone verabreicht. (Normalerweise können Säugetiere nur Milch erzeugen, wenn sie Schwanger sind und Babys bekommen).

- Rückstände von **Medikamenten** und **Schadstoffe** durch **Antibiotika**, damit die Kühe hochleistungsfähig bleiben; **Insektenvernichtungsmitte** und **Pflanzenschutzmittel** (Pestizide), die über das Gras und die Futtermittel aufgenommen werden.

- **Chemikalien**: Schlechte Futtermittel mit vielen Chemikalien (wenn Tiere Kannibalen werden?). Die Milchkühe sind heute **Hochleistungsmilchmaschinen**. Sie bekommen mit Eiweißstoffen angereichertes **Spezialfutter** mit genmanipuliertem Soja. **Omega-3-Fettsäuren** und **Vitamin D** zum Beispiel fehlen in der Milch aus Massentierhaltung.

Man kann ohne große Angst vor Irrtum sagen, dass die Milch heute, wie sie produziert und verarbeitet wird, besonders Milch aus Massenproduktion, sehr wenig mit „gesund“ und mit der Milch vor früher (vor nicht einmal 50 Jahren) zu tun hat. Es ist nicht vorstellbar, dass eine Kuh so viele Schadstoffe aufnimmt und diese dann kaum in ihrer Milch zu finden sein sollen, oder wenn sie doch darin sind, dass sie keine negativen Nebenwirkungen auf Menschen haben sollen.

1.3. Die wirtschaftliche Bedeutung der Milch

Das Geschäft mit der Milch ist riesig und deswegen ist es für den Konsumenten kaum möglich, wirklich die volle Wahrheit zu erfahren. Man kann nur **neutral die Daten** zusammenstellen, damit jeder Verbraucher sich selbst seine **Meinung** bilden kann und selbst zusehen, wie er mit der Milch umgehen möchte.

Die fünf größten Unternehmen in der Milchbranche, Nestlé, Danone, Lactalis, FrieslandCampina und Arla Foods, machten 2010 fast **60 Milliarden Euro Umsatz** mit Milchprodukten und sie geben sehr viel Geld aus für die Werbung, damit wir Verbraucher weiter davon ausgehen, dass Milch für unsere Gesundheit sehr wichtig wäre.

Fast **120 Kilo Milch und Milchprodukte** verbrauchen die Deutschen pro Jahr und die Branche beschäftig fast **40.000 Personen**. Somit ist die Milchindustrie in der Ernährungsindustrie ganz vorne.

1.4. Im Rauschgefühl: Wie Milch abhängig macht und unser Gehirn steuert

Wir hören oft Menschen auf Käse schwören und sagen, dass sie **ohne Käse nicht leben** können und sich nicht vorstellen können darauf zu verzichten. Manche benutzen **Milch als Wasserersatz** und stillen ihren Durst damit. Sie werden richtig nervös, schlecht gelaunt, aggressiv, antriebslos, unruhig, wenn sie keine Milch bekommen, wirklich wie eine Person, die von Alkohol oder Drogen **abhängig** ist.

In meinen Studien, Beobachtungen und meinen Experiment habe ich gemerkt, dass zwar ähnliche Reaktionen (**Entzugserscheinungen**) zu bemerken waren, sie aber nicht so intensiv waren wie bei Menschen, die wirklich drogenabhängig sind. Aber ich stellte fest, dass es bei Menschen, die sehr viel und regelmäßig Milchprodukte zu sich nahmen, viel intensiver und schwieriger war, sich vorzustellen **ohne Käse** und andere Milchprodukte auszukommen. Allein die Vorstellung machte ihnen schon **Angst** und sie wurden nervös. Besonders für Menschen, die regelmäßig **Pasta** mit geriebenem **Käse** verzehrten, war es fast unmöglich, mehrere Tage darauf zu verzichten.

Warum ist das so? Warum war ich auf einmal so **fixiert auf Milchprodukte und Käse**, irgendwann auch einfach so allein, ohne Brot? Die Erklärung kann wirklich ein Abbauprodukt von Milch sein, das uns süchtig macht: das **Kasomorphin**. Wie Morphium wirkt es **betäubend** und verursacht eine **Abhängigkeit**

und man kann deswegen dieser Sucht nach Käse, Milchprodukten, Milchschokolade eine Erklärung geben.

Viele wissenschaftliche Studien haben gezeigt, dass das Abbauprodukte von Kasein (Hauptbestandteil von Milch), das Kasomorphin im Körper ähnliche Reaktionen hervorrufen kann, wie das Morphium.

Morphium ist ein Analgetikum, ein **Schmerzmittel**, das auch in der Medizin verwendet werden kann, um körperliche Schmerzen zu lindern. Einmal im Körper, entfernt dieses Alkaloid Schmerzen, entspannt die Person und kann auch ein sexuelles Stimulans sein. Es wird, wegen der starken Abhängigkeit, die es verursacht, als **Droge** eingestuft.

Droge: Milch

So läuft es ab:

Kasein wird bei der Verdauung im Darm zu dem Abbau-Produkt Kasomorphin zerlegt, einem opiumähnlichen Stoff, ein sogenanntes **Exorphin**. Ex- bedeutet, dass es im Gegensatz zu den körpereigenen **Endorphinen** steht. Der Darm kann es nicht weiterverarbeiten und deswegen landet es im Blut und erreicht somit das **Gehirn** und dockt dort an Opiatrezeptoren an.

Die Morphine in der Milch sollen dazu dienen, die Beziehung des Kälbchens zu seiner Mutter zu stärken und das Kälbchen zu animieren, mehr Milch zu trinken.

Kasomorphine sind auch in der **Muttermilch** der Menschen enthalten und man vermutet, dass sie es sind, die das Baby zum Trinken anregen und die dazu führen, dass die **Babys** nach dem Trinken oft müde und schlapp sind und **glücklich** an der Brust **einschlafen**.

Die Muttermilch der Menschen hat einen geringeren Anteil an Proteinen und somit auch an Kasomorphin. Die **Konzentration** der Kasomorphine in der Kuhmilch ist viel höher und sie haben eine andere Struktur, wegen der zahlreichen **Schadstoffe** und **Manipulationen** in der Züchtung der Kuhmilch in den westlichen Ländern. Die Milch von Kühen aus westlichen Ländern hat eine stärkere Morphium-ähnliche Wirkung als Kuhmilch aus anderen Regionen der Welt, wo sich die Kühe noch natürlicher ernähren und viel mehr Gras fressen als **Fleischmüll**. Außerdem ist zu beachten, dass Kälber einen anderen Verdauungsapparat haben als die Menschen und somit ihre Milch besser verwerten können als wir Menschen.

Dieses Kasomorphin in der Milch kann erklären, warum manchen Menschen ein echtes **Suchtverhalten** bei Milchprodukten wie Käse zeigen und sich davon nur schwer trennen können und **Entzugserscheinungen**, die einem Drogenentzug gleichkommen, zeigen, wenn sie versuchen darauf zu verzichten: Ein harter **Kampf** entsteht mit einer unbezwingbaren **Lust**, Brot oder Milchprodukte zu essen, die Gedanken kreisen immer nur darum, die **Zweifel** (das ist doch alles Unsinn, oder das schaffe ich nie) werden groß.

Diese Sucht erklärt vielleicht, dass diese Menschen früher oder später doch wieder voll bei Käse, Milchprodukten und Weizen landen, und es erklärt vielleicht auch, warum so viele **Diäten** scheitern?

Bei Studien von Karl Reichelt, Norwegen, wurde **Kasomorphin** in großen Mengen im **Urin** von Probanden gefunden und dieser Stoff kann **psychologische** und **psychische** Störungen, wie Kopfschmerzen, Gliederschmerzen, Nervosität, innere Unruhe, Angst, Panik, Unglücksgefühle, Gedächtnis- und Konzentrationsstörungen, Depression, Aggressivität, Antriebslosigkeit, Durchfall, Verstopfung, Bulimie, Blähungen usw. verursachen.

1.5. Wie Milch und Milchprodukte dick macht und chronische Krankheiten wie Krebs verursachen

WICHTIG: GelegentlichenKonsum von Milch und Milchprodukten (Käse, Milch, Joghurt, Sahne, Schmand, Quark, Kuchen, Schokolade, Latte usw.) in kleinen Portionen kann der Körper gut abfangen und erfolgreich verwerten. Gefährlich wird es, wenn sie die Basis deiner Ernährung werden und du sie jeden Tag und sogar mehrmals am Tag isst.

Von Natur aus ist der Mensch kein geborener Kuhmilchtrinker und, deswegen reagiert noch heute ein Großteil der Menschen mit **Unverträglichkeit** auf den Verzehr von Milch, denn sie enthält Stoffe (Milchzucker genannt **Lactose**), die ursprünglich nur von Säuglingen, die noch Muttermilch bekamen, verdaut werden konnten.

Milch und Milchprodukte können der **Auslöser** von vielen **Krankheiten** wie z.B. Krebs, Osteoporose, Parkinson, Alzheimer, Akne, Neurodermitis, Multiple Sklerose, Diabetes, Depression, Migräne, Kopfschmerzen, Knochen-und Gelenkproblemen, Zahnproblemen, chronischen Erkältungen, Übergewicht und vielem mehr sein. Das erkläre ich dir in diesem Kapitel.

Milch macht dick und milchig und ist der Cellulitefórderer Nr.1 unter allen Lebensmitteln

Die Nährwerte von Milch verführen dazu, auf den ersten Blick Milch und Milcherzeugnisse für sehr gesund zu halten. Milch enthält **Kalzium**, ist **eiweißreich** usw. Aber in der Realität tut Milch uns nicht gut. Nicht nur, weil Milch eine Kalorienbombe ist. Bestimmte Milchprodukte haben doppelt so viele **Kalorien** wie Cola!

Milch in kleinen Mengen ist, wie bei fast allen Lebensmitteln, nicht der Grund, warum man an Gewicht zulegt. Aber auf Dauer und in größeren Mengen trägt die Milch dazu bei, dass man zunimmt. Milch ist relativ energie-, das heißt **kalorienreich**. 100ml Milch mit 1,5% Fettgehalt enthalten ca. 47kcal. 100 ml Vollmilch haben aber schon 70kcal. Milchprodukte wie Sahne, Käse, Quark haben sogar noch viel mehr Kalorien. Die Menge summiert sich weiter, wenn wir im Laufe des Tages noch mehr Gerichte zu uns nehmen, die milchhaltig sind.

Das ist aber noch nicht alles. In jeder Portion Milch, die wir trinken steckt auch tierisches **Fett**. So kann ein hoher Milchkonsum über einen längeren Zeitraum krank und fett machen.

Bis zur Hälfte der täglich benötigten Kalorien nehmen die Deutschen inzwischen laut mehreren Studien über Milch und Milchprodukte auf, die meist gesüßt und mit chemischen Zusatzstoffen angereichert sind.

Darunter fallen Käse, Milch, Quark, Milchkaffee, Pudding, Kuchen, Kakaogetränke, Milchshakes, Fruchtjoghurts, Kartoffelbrei, die meisten Teigprodukte, wie Pizza, Lasagne, manche Süßigkeiten usw.

Eiskaffee ist eine der schlimmsten Kalorienbomben

Ein Glas **Eiskaffee mit Sahne** liefert etwa 182 kcal. Ein Glas Eiskaffee mit einer Kugel Vanilleeis und Sahne liefert etwa 313 kcal. Fettgehalt: 13 g. 250g Eiskaffee enthalten 575 Kalorien und 2410 Kilojoule und ca. 55 g Fett.

Milchprodukte sind die Lebensmittel mit den höchsten **Kalorienwerten** und die Lebensmittel, die zusammen mit **Weißmehl** und **Zucker** am schnellsten **Übergewicht** erzeugen und einen schlappen Bauch und schlappe Muskeln verursachen, wenn sie verzehrt werden – egal, ob bio oder nicht.

Milch und Krankheiten

Milch allein kann nicht für gesunde Knochen verantwortlich sein. Das zeigt eine Studie, die im April 2009 im Fachjournal *Osteoporosis International* veröffentlicht wurde. Die Knochendichte der vegan lebenden Studienteilnehmerinnen war absolut identisch mit der **Knochendichte** der „normal" essenden Frauen.

In einer anderen Studie aus Schweden vom Oktober 2014 schreiben die schwedischen Forscher um Prof. Karl Michaëlsson, dass Milch höchstwahrscheinlich gar keinen Nutzen für die **Knochen** hat. Im Gegenteil, Milchverzehr hat in dieser Studie das Risiko für osteoporotische Frakturen noch erhöht, wie in www.zentrum-der-gesundheit.de/ berichtet wird.

Eine kleine wissenschaftliche Beobachtung verdeutlicht das Problem: **Osteoporose** ist in Ländern mit starker Milchproduktion und hohem Milchkonsum viel höher als in Ländern, wo Menschen wenig Milch zu sich nehmen. Zufall?

In Afrika war früher Tiermilch für Menschen über zwei Jahren strikt verboten, sagte mir mein Vater, denn man wusste schon damals, dass Milch krank macht.

Mein Naturlehrer in Kamerun machte mit uns einen Versuch. In ein Milchglas ließ er ein paar Tropfen Essig fallen. Er mischte alles mit einem Löffel und ließ es stehen. Einige Stunden später sah die Milch eklig aus. Es bildeten sich klumpenartige Dinge in der Milch. Er meinte, dass die Milch in unserem Magen genauso reagieren würde, wenn sie in Kontakt mit der Magensäure kommt und dadurch würde alles verklebt und die Transportwege der Nährstoffe blockiert. So entstehen dann viele chronische Krankheiten.

Diese Erkenntnisse meines Lehrers werden immer öfter von wissenschaftlichen Studien bestätigt.

„Wenn Ihr Leben so verbittert wäre wie meins, und Sie Tag für Tag dieses Massaker an unschuldigen Kindern durch eine völlig ungeeignete Ernährung mit ansehen müssten, dann glaube ich, würden Sie genau wie ich empfinden: Diese fehlgeleitete Propaganda über Säuglingsnahrung sollte als Mord an den Kindern betrachtet werden. Jeder, der aus Unwissenheit oder auch leichtfertig dafür sorgt, dass ein Baby mit ungeeigneter Nahrung gefüttert wird, kann an dem Tod des Babys für schuldig befunden werden."

Dr. Cicely Williams, *Milk and Murder*, 1939. Sie war eine prominente Kinderärztin und hielt diese Rede 1939 in Singapur. (Übersetzung: http://www.zentrum-der-gesundheit.de/babynahrung.html

Die Annahme, dass Milch sehr reich an Kalzium und deswegen gesund ist, ist trügerisch, denn die Kuhmilchproduktion ist heutzutage extrem ungesund. Das Futter, das die Kühe bekommen, damit sie so viel Milch zu produzieren können, macht Milch zum Gesundheitsrisiko.

Der häufige Verzehr von Milchprodukten verursacht viele Probleme in unserem Körper und in unserer Psyche. Milch trägt dazu bei, dass unser Körper **übersäuert** und so viele Bakterien die Möglichkeit haben, zu entstehen, sich zu vermehren und sich richtig wohl zu fühlen.

Studien haben zum Beispiel gezeigt, dass **Asiaten** (Chinesen und Japaner) die sogenannten **Zivilisationskrankheiten** kaum kannten, bis sie begannen in großem Stil **Milch** zu trinken, Milchprodukte zu essen und oder beim Kochen zu verwenden.

In Kamerun wurde früher gar keine Viehzucht für Milch betrieben, da man schon seit tausenden von Jahren wusste, dass Tiermilch nicht für den Mensch bestimmt ist, erst recht nicht, wenn er schon erwachsen ist. Aber auch in **Kamerun** konnte man schnell beobachten, dass Menschen, die die westliche Ernährungsart mit viel Milch und Milchprodukten, sowie Fertiggerichten übernahmen, auch häufiger an diesen **Zivilisationskrankheiten** litten. Fast alle fertigen Nahrungsmittel aus dem Supermarkt sind mit Milch zubereitet.

Milch erhöht das Krebsrisiko

In meinem Buch „Verkrebste Generation“, habe ich ausführlich über den Zusammenhang zwischen Milch und Krebs geschrieben. Hier ein Auszug:

„…Wie auch bei Pillen, Chemotherapie, Bestrahlungen und manchen Medikamenten, sind bei den Milchprodukten die Meinungen auch unter Wissenschaftlern sehr unterschiedlich und sehr umstritten. Die einen meinen, wegen des hohen Kalziumgehalts, und des nahezu idealen Verhältnisses der Proteine, Fette und Kohlenhydrate in Milch, sind Milch und Milchderivate exzellente Nahrungsmittel. Viele Studien aber **warnen vor Milch** und Milchprodukten, die auch Krebs auslösen können. Milch enthält hohe Mengen an **Östrogen** und **Progesteron**, die das **Brust-, Ovarial- und Gebärmutterkrebsrisiko** signifikant erhöhen können. Das Futter der Milchkühe hat sehr wenig mit Grün zu tun, umso mehr mit Kraftfutter, das immer noch fleißig mit Chemie und **Giften** (Pestizide, Herbizide, Fungizide, Medikamente usw.) versetzt wird, sagen die Kritiker. Ihre Kritik wird durch die zunehmende Verbreitung von Lactoseintoleranz in der Bevölkerung befeuert. Kuhmilch ist für Kälber gesund und das auch nur in der Zeit, in der sie noch kein Gras fressen können. Die Natur hat nicht vorgesehen, dass Menschen im Erwachsenenalter noch Milch trinken, betonen sie.

Einige Studien wiesen ein erhöhtes Krebsrisiko durch Milch nach, andere kamen nicht zu diesem Schluss. Wie immer werfen sich Gegner und Befürworter gegenseitig vor, Verschwörungstheoretiker, Panikmacher bzw. Geldhaie, Wissenschaftler im Solde der Wirtschaft und des Kapitals, zu sein.

Es ist klar, dass Milch und Produkte, die aus Milch stammen, die **Grundnahrungsmittel** in den westlichen Ländern sind. Die meisten Gerichte, Gebäcke, Kuchen, Schokolade, Süßigkeiten, enthalten mehr oder weniger etwas, das von Milch kommt. Deswegen ist Milch für die Wirtschaft und Lebensmittelindustrie essenziell und wir Verbraucher am Ende können nicht genau wissen, was nun stimmt und was nicht stimmt. Auch Berichte in den Medien können deswegen tendenziös sein.

Was sagt nun eine seriöse wissenschaftliche Studie der Harvard University dazu?

Ich möchte hier im Sinne dieses Buches Fakten und Informationen aus meinen Recherchen vorlegen, die Verbraucher dazu bringen sollen, ihren Blick auf die Milch zu erweitern und **Risiken** besser abzuschätzen.

Auch wenn angenommen wird, dass Milch gesund wäre, ist die Frage doch, ob die industriell verarbeitete Kuhmilch auch noch wertvoll ist? Damit die Milch haltbar ist, wird sie **erhitzt**, filtriert und **verarbeitet** (pasteurisiert, homogenisiert usw.). Die Inhaltstoffe der Milch werden somit verändert und verlieren ihre Wirksamkeit. Die neue Milch hat nichts mehr mit der Naturmilch zu tun. Zum Beispiel wird das gute Fett durch diesen industriellen Vorgang so feinfiltriert, dass es dem menschlichen Körper nicht mehr so gut tut wie das ursprüngliche Fett.

Eine Studie der Harvard Universität sieht einen Zusammenhang zwischen Krebs und pasteurisierter (Industrie-) Milch.

Eine Forschergruppe, geleitet vom Doktor Ganmaa Davaasambuu sieht nach einer Studie einen Zusammenhang zwischen pasteurisierter Milch und **Krebserkrankungen** (Brustkrebs, Prostatakrebs, Eierstockkrebs). Untersucht wurde industriell verarbeitete Milch in den USA. Als Vergleichswert diente naturbelassene

Milch aus der Mongolei. Insbesondere **hormonabhängige Krebsformen** wie Brust- oder Prostatakrebs (Vielleicht hatte meine Mutter doch Recht als sie sagte, dass Milch im Genitalienbereich der Männern Probleme machen kann?) sollen durch Industriemilch begünstigt werden. In dieser Untersuchung wurde festgestellt, dass Industriemilch **33-mal mehr Östrogen** enthält als die natürliche Milch aus der Mongolei. Doktor Davaasambuu sagte gegenüber der Harvard Gazette „Die Milch, die wir heute trinken, hat möglicherweise nichts mehr mit dem perfekten Nahrungsmittel der Natur zu tun.“

Die Studie vermutet die Ursachen in der Art des **Futters** und der **Tierhaltung** in modernen Landwirtschaftsbetrieben. Das Futter der Tiere ist mit Hormonen und Medikamenten vermischt und diese gelangen in die Milch. Nach der Studie von Harvard gäbe es eine mögliche Verbindung zwischen den weiblichen Sexualhormonen in der Milch schwangerer Kühe und der Entwicklung von Brust-Ovarial- und Gebärmutterkrebs.

Auch schon frühere Krebsstudien verwiesen auf Milchkonsum

Eine internationale Vergleichsstudie bestätigte Dr. Davaasambuus Hypothese, dass der Verzehr von Milchprodukten die Wahrscheinlichkeit der Krebserkrankungen erhöht. Es wurde der Zusammenhang zwischen Ernährungsgewohnheiten und Krebsraten in 42 Ländern untersucht. Man stellte fest, dass es eine Beziehung zwischen **Milch- bzw. Käsekonsum und Hodenkrebs** gibt. Am höchsten waren die Krebsraten in Länder wie der Schweiz, wo viel Käse konsumiert wird. In Ländern, in denen wenig bzw. selten Milchprodukte konsumiert werden, waren weniger Erkrankungen zu melden.

Ein deutlicher Zusammenhang zwischen Milch und Krebs zeichnet sich auch in **Japan** ab. Die Zahl der Erkrankungen an **Prostatakrebs und Brustkrebs** sei mit dem **gesteigerten Milchkonsum** im Laufe der letzten 50 Jahre stark gestiegen. Brustkrebs-Studien warnten wiederum konkret vor Milch und Käse. Eine weitere Studie bestätigte, dass Ratten, die mit Milch gefüttert wurden, eher Tumore entwickelten als Ratten, die stattdessen Wasser tranken.

Auf der Seite der Harvard School of Public Health (http://www.hsph.harvard.edu/nutritionsource/what-should-you-eat/calcium-and-milk/) steht:

> *„... Calcium is important. But milk isn't the only, or even best, source.... While calcium and dairy can lower the risk of osteoporosis and colon cancer, high intake can increase the risk of prostate cancer and possibly ovarian cancer."*

Ein Bericht über Milch auf der Webseite des bayerischen Fernsehens bestätigt ebenfalls die Vermutung der Verbindung zwischen Krebserkrankungen und Milchprodukten, auch wenn der Bericht sehr vorsichtig ist:

> *„Wann ist sie gesund? Wann macht sie krank?... Momentan ist die Studienlage so, dass ein erhöhter Milchkonsum das Risiko von Dickdarmkrebs senken kann. Eventuell erhöht aber ein Milchkonsum das Risiko für*

Prostatakrebs. Allerdings nur, wenn gleichzeitig sehr viel Kalzium zugeführt wird und wenig Vitamin D.... Man sollte also auf keinen Fall mehr als 1.500 mg Kalzium pro Tag essen und darauf achten, dass genügend Vitamin D zugeführt wird. Bei Brustkrebs ist die Studienlage nicht eindeutig....“

Nitrit-Verbindungen

Es ist bekannt, dass in vielen Käsen und weiteren Milchproduk-ten Nitrit vorhanden ist, das im Magen **Nitrosamine** bilden kann. Auch viele Arzneimittel bilden aus Nitrit zusammen mit anderen Nahrungsmitteln Nitrosaminverbindungen, die äußerst wirksame **Krebserzeuger** sind.

Aflatoxine B1 – sehr gefährlicher krebsauslösender Stoff in Milch

Aflatoxine sind natürlich vorkommende **Pilzgifte**, die erstmals beim Schimmelpilz nachgewiesen wurden.

Es gibt über 20 natürlich vorkommende Aflatoxine, von denen Aflatoxin B1 als das für den Menschen gefährlichste gilt. Neben Aflatoxin B1 haben vor allem die Toxine B2, G1 und G2, sowie die in Milch vorkommenden Derivate M1 und M2 eine größere Bedeutung.

> *„Aflatoxine haben bei Konzentrationen um 10 µg/kg Körpergewicht akut hepatotoxische Wirkung (Leberdystrophie), wirken jedoch schon bei geringeren Konzentrationen und vor allem bei wiederholter Aufnahme karzinogen auf Säugetiere, Vögel und Fische. Die letale Dosis von Aflatoxin B1 beträgt bei Erwachsenen 1 bis 10 mg/kg Körpergewicht bei oraler Aufnahme. Im Tierversuch mit Ratten (letale Dosis 7,2 mg/kg Körpergewicht) wurde die Karzinogenität einer Tagesdosis von 10 µg/kg Körpergewicht eindeutig nachgewiesen. Aflatoxin B1 ist damit eine der stärksten krebserzeugenden Verbindungen überhaupt."* (Wikipedia)

Wegen der gefährlichen Wirkungen der Aflatoxine wurden in vielen Ländern der Erde und auch innerhalb der Europäischen Union Grenzwerte (Höchstgehalte) festgelegt. Aflatoxine sind

hitzestabil und werden beim Kochen oder Backen nur zu einem geringen Teil zerstört. Sie können mit der Nahrung oder mit belasteter Luft aufgenommen werden. Werden aflatoxinhaltige Agrarprodukte als Futtermittel verfüttert, können die Aflatoxine in Lebensmittel wie Milch übergehen.

Dioxine und die dioxinähnlichen polychlorierten Biphenyle (PCB)

Diese **chlorhaltigen** Substanzen sind in Milch und Milchderivaten enthalten und sehr giftig, manche sogar **krebserregend**. Da Dioxine und PCB Fett lieben, steigt das Risiko für den Menschen, diese Stoffe zu sich zu nehmen, mit dem Fettgehalt der Nahrungsmittel. Dioxine und PCB sind sehr langlebige Substanzen. Sie bauen sich kaum ab, wenn sie einmal im Fettgewebe eingelagert sind. Je älter man wird und bei kontinuierlicher Aufnahme der Gifte, desto höher steigt ihr Gehalt im Körper und das bedeutet eine höhere Wahrscheinlichkeit von Krebserkrankungen.

Milch, Osteoporose und andere Beschwerden

Bei meinen Recherchen habe ich alte Studien gefunden, die zeigen, dass Milch zu **Osteoporose** führen kann. Dr. Ganmaa Davaasambuu dazu: „Hinsichtlich der Östrogenbelastung für den Menschen macht uns Kuhmilch am meisten Sorgen, da sie eine beträchtliche Menge an weiblichen Geschlechtshormonen enthält."

Ich weiß aus meiner eigenen Erfahrungen und aus meinem Coaching, was ein reduzierter Konsum von Milch und Milchprodukte bewirken kann, und ich weiß auch, dass meine Kunden und viele Menschen in meiner Umgebung, die weitgehend auf Milchprodukte verzichten, berichten, dass sie sich besser fühlen (Verbesserung des Körpergeruches und der Haut, Verschwinden von Migräne, Gewichtsabnahme, besonders an Hüfte und Bauch, Verschwinden von schmerzhafter Regel, Stärkung der sexuellen Lust und der Virilität uvm.).

Die weltweit anhaltend steigende Häufigkeit hormongesteuerter Krebsarten muss uns zwangsweise dazu bringen, auch über die mögliche Rolle endogener Östrogene in der Ernährung intensiv zu diskutieren, und zufälligerweise enthält Kuhmilch eine beträchtliche Menge Östrogene.

Das bedeutet, dass Indizien vorhanden sind, die uns Menschen dazu bringen sollten, unsere Haltung zur Milch genau zu prüfen. Vielleicht hat die **urafrikanische Weisheit** doch Recht? Aber ich weiß, dass es eine harte Auseinandersetzung bleiben wird, was Milch kann und wie Milch schaden kann. Das Beste ist, für einige Zeit darauf zu verzichten, um die Veränderungen am eigenen Leibe und eigener Seele zu erfahren.“ [Ende Auszug]

Es gibt auch einen möglichen Zusammenhang zwischen Milch und **Parkinson** und **Diabetes**.

Zu viel Kalzium kann außerdem das **Herzinfarktrisiko** um mindestens 30% erhöhen, wie neuseeländische, amerikanische und schottische Forscher 2012 bewiesen.

Milch und Milchprodukte verstärken oder verursachen gar Fieber, Erkältungen, Mittelohrentzündungen, Asthma, fördern Akne oder Durchfall bei bestimmten Menschen.

Stoffwechselkrankheiten durch Milch

Da die Kuh das ganze Jahr Milch produzieren muss und nicht nur dann wenn sie ein Kalb bekommt, wird die Kuh ständig künstlich besamt, nur 2 Monaten nachdem sie ihr letztes Baby bekommen hat. Das bedeutet, obwohl sie noch für ihren Nachwuchs Milch produziert, um ihn zu ernähren, ist sie schon wieder schwanger. Neun Monate später kommt das nächste Kalb und so weiter. Je mehr Kälbchen sie bekommt, desto mehr Milch produziert die Kuh. So gibt die Kuh, aufs Jahr gerechnet, das Vielfache (bis Zwanzigfache) ihres Körpergewichts an Milch ab, was für den Stoffwechsel viele Probleme bereitet. Da kann es zu **Stoffwechselkrankheiten** oder Infektionen des Euters kommen, die wiederum die Gesundheit des Milchtrinkers gefährden können und auch seinen Stoffwechsel stören.

1.6. Mein Experiment mit Milch

Sehr früh, schon als **Kind**, wurde uns immer gesagt, dass Kuhmilch nicht gut für die Menschen ist und deswegen mit Maß und angemessen getrunken werden sollte. Schon sehr früh bevorzugten es meine Eltern, uns zum **Frühstück warmes Essen** zu geben, meistens die Reste vorm Vortag oder frisch am Morgen Gekochtes. So habe ich meine Kindheit vor über 40 Jahren verbracht und nur **gelegentlich Milch** und Milchprodukte gegessen.

Aber nach meiner Kindheit kamen doch immer mehr Milchprodukte in meiner Ernährung, besonders als ich nach **Deutschland** kam, um zu studieren. Alles hier war mit Milch, Milchprodukten und Weizen zubereitet, was für mich sehr schwer war und ich bekam auch große **Verdauungsschwierigkeiten**. Mein Darm war ständig lahmgelegt und **Durchfall** war mein Freund geworden. Ich war mehrmals bei verschiedenen Ärzten und kein Arzt sah eine Verbindung zwischen meinen Leiden und der **Milch**. Ich wusste später, dass ich an **Lactoseintoleranz** litt. Es dauerte Monaten, bis sich meinem Körper ein bisschen daran gewöhnt hatte.

Damals, das war vor ungefähr 26 Jahren, wurde ich in den Diskussionen mit anderen Deutschen wie ein UFO-Alien angesehen. „Der Afrikaner, der keine Ahnung hat", sagte mir eine Studentin. Sie könne nicht glauben, was ich ihnen sagte, nämlich, dass zu viel Milch trinken oder essen eine Gefahr für den Körper sei, eine Ursache von **Übergewicht**, von fettem und vor allem

schlappem Bauch und **hängender Haut** und außerdem **Cellulite** fördere.

Aber mit der Zeit beugte ich mich der Meinungsmehrheit und fing an, die **afrikanische Lehre zu missachten** und die westliche Wahrheit zu übernehmen. Ich aß nun **viele Milchprodukte** und ertrug die **Nebenwirkungen**. Mit der Erhöhung des Konsums der Milchprodukte entstanden bei mir bis dahin unbekannten **Beschwerden**, zumindest in dieser Masse und Regelmäßigkeit unbekannt: Erkältungen, öfter Mundgeruch, Schmerzen in den Beinen, meine Knochen taten mir sehr weh, Fett setzte sich am unterem Bereich des Bauchs an und ging bis heute nicht ganz weg, Zahnschmerzen, Gewichtszunahmen, Kopfschmerzen, die ich früher in Afrika nie hatte.

Vor einigen Jahren machte ich dieses Experiment: Ich verzichtete auf Milch und nahm keine Milchprodukte mehr zu mir. Alle meine Beschwerden verschwanden und besonders meine Knochen taten mir nicht mehr weh.

Es wäre doch das Gegenteil zu erwarten, denn man sagt uns, wegen des enthaltenen Kalziums, wäre Milch für die Knochen.

Als ich wieder anfing Milch und Milchprodukte in großen Mengen zu konsumieren und Sahne in Saucen zu tun, fingen meine Knochen an wieder zu schmerzen, Durchfall und Magendarmbeschwerden, die Erkältung und Mundgeruch waren wieder intensiv. Diesmal **übertrieb** ich es zwei Monate lang mit dem **Milchkonsum** um wirklich zu wissen, ob und wie dieser mich körperlich und auch psychisch beeinflusst. Ich bekam **Zahnschmerzen**, nahm erstmals richtig zu, die **Kopfschmerzen** und **Druck** im Kopf setzen sich fest in mir, ich wurde sehr antriebslos und nach nur 500 Meter Joggen war ich **kraftlos**, konnte kaum noch atmen und hatte den Eindruck mein Herz würde explodieren.

Ein starkes **Abhängigkeitsgefühl**, wie bei Zucker und Weizen, stellte ich bei mir nicht fest. Aber ich bemerkte dennoch, wie ich vermehrt nach Käse suchte und auf einmal verschiedene Käsesorte kaufte. Ich bemerkte auch, dass ich öfter **Lust auf Käse** hatte und einfach so ein den Kühlschrank öffnete und ein Stück davon abschnitt und aß. Normalerweise esse ich ihn immer mit Brot und zum Frühstück.

Als ich nach 8 Wochen diesen intensiven Konsum **stoppte**, **verschwanden** alle diese Symptome und **Beschwerden**, zum Teil ganz. Ich konnte sofort damit aufhören **ohne Entzugserscheinungen**, ohne das Gefühl zu haben ich müsste weiteressen. Ich denke angesichts der Erfahrungen anderer Menschen, dass Milchprodukte und der **Entzug** von Mensch zu Mensch unterschiedlich ist. Ich esse **gelegentlich** Käse, Joghurt, ich trinke auch mal ein Glas Milch oder benutze mal Sahne. Allgemein stört mich diese kleine Menge gar nicht. Nur Bei **Lasagne**, habe ich oft danach Durchfall.

2. DROGE: WEIZEN

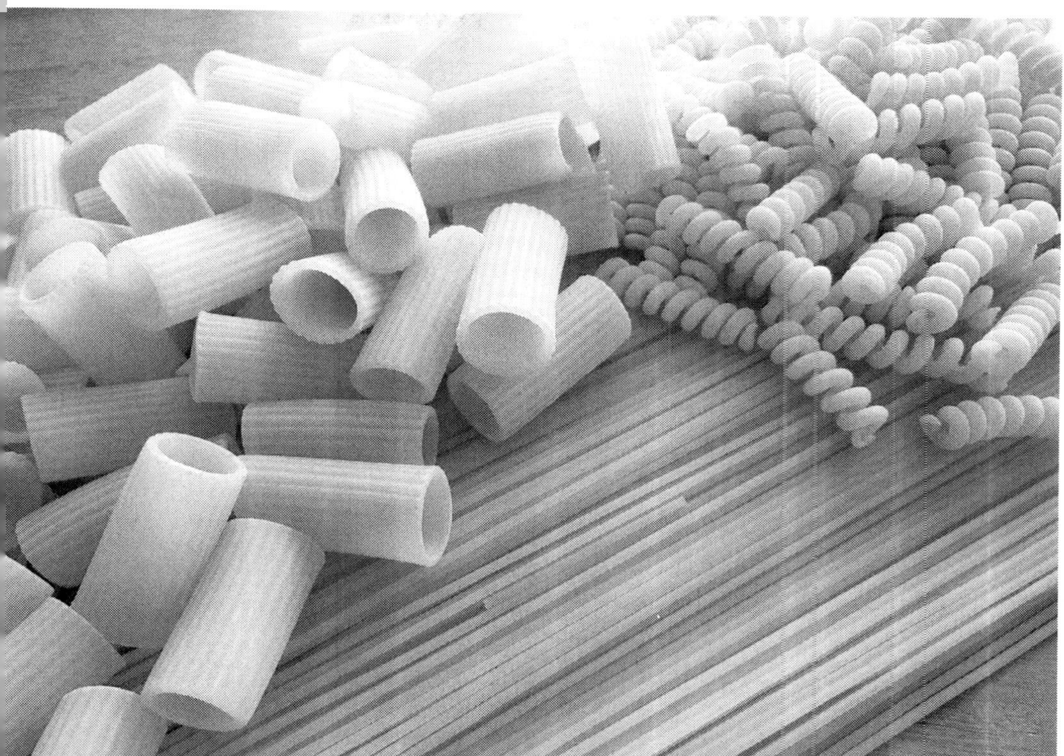

Bio

Viele denken Folgendes:

„Da Menschen seit Tausenden von Jahren Weizen essen, muss er in Ordnung sein und kann nicht gefährlich sein und kann den Menschen nicht schaden“.

So banal gesehen haben sie auch Recht. Aber sie vergessen, bzw. wollen nicht sehen, dass es vor Tausenden von Jahren noch keine **Genmanipulation** gab, keine **Chemie** im Essen benutzt wurde, keine **Maschinen** im Einsatz waren und keine **Massenernährung** betrieben wurde. Lebensmittel waren noch Ernährungsmittel und keine Nahrungsmittel, das heißt noch nicht technisch und chemisch verändert. Hochleistungsweizen gegen Traditionsweizen.

Noch vor 50 Jahren war Weizen etwas ganz anderes, als das, was wir heute essen.

2.1. Weizen vor 50 Jahren

Früher dienten Lebensmittel zuerst dazu, Menschen zu **ernähren**. Heute dienen sie dazu, Menschen zu **füttern** und **satt** zu bekommen. Niemand soll hungern ist die neue **Philosophie**, die die ganze Landwirtschaft verändert hat.

Weizen, wie wir ihn heute kennen, entstand durch Züchtung vor etwa **2.000 Jahren**. Was den heutigen Weizen von den Wildgräsern unterscheidet, aus denen er gezüchtet wurde, ist der hohe Gehalt an **Gluten**, dem Klebereiweiß. Dieses ist der Getreidebestandteil, der Weißbrot die weiche und doch reißfeste Konsistenz verleiht. Weizen ist so reich an **Eiweiß** wie kein anderes Getreide – manche Weizensorten bestehen zu 55 Prozent aus Gluten. Zum Vergleich: Der Vorläufer des modernen Weizens besaß nur einen Anteil von etwa fünf Prozent Klebereiweiß.

2.2. Weizen heute und Weißmehl

Die wichtigsten und schnellsten **Veränderungen** in der Landwirtschaft in den letzten hundert Jahren:

- Einsatz von **Maschinen**
- Einsatz von **Insektiziden** (die chemischen Industrie entwickelte im 20. Jahrhundert hochwirksame Pflanzenschutzmittel, die zwar tierische Schädlinge, Pilze oder Unkraut bekämpfen, aber leider auch die Umwelt, viele unschädliche Tiere, die gar nicht getroffen werden sollen, und die das Lebensmittel selbst „vergifteten“)

- Die Züchtung von **Hochleistungssorten**. Das führte automatisch dazu, dass sich auch die Qualität der Lebensmittel änderte, so auch bei den Getreiden und das bedeutet auch bei dem Weizen. Allein aus diesem Grund kann man heute nicht argumentieren, dass Weizen seit Tausenden von Jahren konsumiert wurden und damals niemandem wehgetan hat und deswegen auch heute niemandem etwas tut. Das wäre pure **Lüge** und Entstellung der Wahrheit. Denn sei es in der **Züchtung**, beim **Pflügen**, bei der **Aussaat** des Korns, der **Verarbeitung** und **Nutzung** des Weizens, fast alles hat sich **verändert**.

Nicht das Getreide selbst ist das Problem, sondern die kleinen Veränderungen in der Struktur der **Weizenproteine**. Sie sind nach Meinung vieler Experten verantwortlich für die zerstörerische **Immunreaktion** des Menschen, wie wir weiter erfahren werden.

Industrielle hergestelltes Getreide enthält heute sehr wenige Nährstoffe und außerdem **Phytinsäure**, die verhindert, dass Mineralien vom Körper aufgenommen werden können. Die in Getreiden enthaltenen Proteine sind kaum brauchbar, schädigen den Körper und lösen autoimmun-Reaktionen aus.

Das am meisten verbreitete Getreide ist **Weizen**. Der Weizen der modernen Zeit hat nichts, aber auch gar nichts mehr zu tun mit dem gesunden Weizen von früher. Weizen, aber auch anderen Getreidesorten, werden heute gezielt bestimmte Proteine und andere **Abwehrstoffe eingezüchtet**, um sie **resistenter** gegen Insektenbefall und verschiedene Krankheiten zu machen und ihre Produktivität und **Leistungsfähigkeiten** zu erhöhen.

Die Wechselwirkung dieser Manipulation mit dem Gluten ist noch gänzlich unbekannt bzw. nicht offen gelegt.

Durch diese **Züchtung** und **Genmanipulation** sind Weizen und viele Getreidesorten zu **Hochleistungspflanzen** mit wenigen Nährstoffen geworden. Einkorn wurde durch **Hartweizen** (für Pasta) und sehr **feinen Weizen** für Kuchenmehl ersetzt. Bei der Züchtung dieser neuen Sorten wurde auch der **Glutengehalt** und die **Glutenstruktur** verändert und wie oft in der Wissenschaft, feierte man sich und freute sich und über die wissenschaftliche

Leistung, ohne sich Gedanken darüber zu machen, was diese Veränderungen für den Menschen als Folge haben. Deswegen gibt es die **Unverträglichkeiten**, die mit dem heutigen Weizen zu tun haben.

Weizen ist heute Ursache von vielen **chronischen Krankheiten** und von **Gewichtszunahme**. Der heutige Weizen ist eine Kreuzung verschiedener Arten und enthält fast **55% Gluten** (Klebereiweiß), damit die industriellen Backprozesse perfektioniert werden konnten. Noch vor 50 Jahren hatte Weizen nur 5% Gluten. Durch Gluten entsteht die **Elastizität** des Teigs; ohne Gluten ist es praktisch unmöglich, die uns bekannten Backwaren herzustellen.

Leider sind diese neuen Sorten mit verändertem Glutengehalt und veränderter Glutenstruktur für den Menschen unverträglich. Deswegen macht Weizen uns krank und auch dick.

2.2.1. Weißmehl, Gefahr in der Ernährungskette: Macht hier wirklich die Dosis das Gift und wenn ja, wie?

Weißmehl wurde schon viel früher im alten **Ägypten** benutzt und es war nur für **reiche** Menschen bestimmt. **Vollkornmehl** war demnach für das arme **Massenvolk**. Freuen wir uns nicht zu schnell darüber, dass die alten Ägypter schon Weißmehl gegessen haben und es deswegen unproblematisch sei. Falsch gedacht, denn das, was damals gegessen wurde hat nichts, aber gar nichts mehr zu tun mit dem, was wir heute, besonders in den westlichen Ländern, essen.

Heutiges Weißmehl, helles Mehl, besteht aus ausgemahlenem Weizen, bei dem die wertvollen **Nährstoffe** leider verloren gegangen sind.

Für die Herstellung von Weißmehl wird fast ausschließlich die **Stärke** des Mehlkörpers verwendet, das bedeutet das Innere des Getreidekorns. Da die wertvollen und gesunden **Ballaststoffe**, **Vitamine** und **Mineralstoffe**, die gesunde **Fettsäuren** hauptsächlich in den **Randschichten** des Getreidekorns und dem Keimling stecken, enthält Weißmehl kaum (bzw. sehr wenige) Nährstoffe und nur **Kalorien** und ist somit nur ein Futtermittel zum satt werden.

Weißmehl findet man fast **überall**: in Brotprodukten, in fast allen Kuchen, in Brötchen, Nudeln, Pizza, Keksen, Chips, in fast allen Fertiggerichten (auch Suppen).

Heutzutage sind Weißmehlprodukte für die Nahrungsindustrie und die Bäcker ein **Superprodukt**, das günstig ist und als Zutat bei vielen Fertigprodukten hilft:

- Teig aus Weizenmehl ist besser **formbar** als Brot aus Schrot oder Vollkorn.
- Die **Backzeit** und Aufgehzeit sind deutlich kürzer.
- **Es hält länger**, denn es enthält keine Rückstände des ölhaltigen Keimlings (Weizenmehl wird sogar bei der Herstellung von Flugzeuglack verwendet, da es ganz wunderbar extreme Temperaturen aushält).
- Es macht hungrig und führt dazu, dass wir mehr essen, das bedeutet mehr Geld ausgeben.

Es gibt deswegen keinen Grund etwas zu verbessern, wenn man damit so viel Geld sparen und verdienen kann, auch wenn das auf Kosten der Gesundheit geht.

2.2.2. Wie Weißmehl den Körper gefährdet und warum regelmäßiger und übermäßiger Verzehr chronische Krankheiten verursacht

WICHTIG: Gelegentlichen Konsum von Weizenprodukten (Brot, Brötchen, Pasta, Kuchen, Gebäck usw.) kann der Körper gut abfangen und erfolgreich verwerten. Gefährlich wird es, wenn Weizen die Basis der Ernährung ist und du ihn jeden Tag und sogar mehrmals am Tag isst.

In unserem Darm, genau gesagt im **Dünndarm**, wird das Weißmehl (die Stärke) in reinen **Zucker** umgewandelt und gelangt somit sehr schnell im unsere **Blutbahn**. So lassen Weißmehlprodukte unseren Blutzuckerspiegel zunächst stark und sehr schnell in die Höhe steigen. Da diese Zuckerbestandteile aus Weißmehl jedoch schnell wieder verbraucht sind, sinkt der **Blutzuckerspiegel** wieder schnell und stark ab. Als Folge daraus haben wir schnell wieder **Hunger** und deswegen essen wir auch viel mehr.

Es ist kein Zufall, wenn du nicht nur bei *einem* vollen Teller Nudeln bleibst und wenn du kurze Zeit später wieder etwas zum Essen suchst, obwohl du vielleicht schon voll bist. Das bedeutet, das Weißmehl stört den **Informationsverlauf** in deinem Körper und lässt dein Gehirn **falsche Signale** aussenden. Das Weißmehl **manipuliert** somit unser Gehirn.

Da Weißmehl schnell vom Körper aufgenommen und verwertet wird, wird vermehrt **Insulin** ausgeschüttet, was dazu führt, dass die zu **Zucker** umgewandelte **Stärke** in **Fett** umgewandelt wird und sich im Leberbreich einlagert. Das birgt die Gefahr an einer **Fettleber** zu erkranken. Die große Menge an Insulin im Körper hemmt auch wiederum den **Fettabbau.**

Bekannte **Folgen** von zu viel Verzehr von Mehlprodukten sind dann das **Übergewicht** und **Folgeerkrankungen** wie Krebs, Alzheimer, Diabetes, Bluthochdruck, Herzinfarkt und Schlaganfall und andere Herz-Kreislauf-Erkrankungen, Rheuma, Gelenkschäden, Migräne, Hautproblemen, Potenzproblemen, depressive Stimmungen und weitere psychische Beschwerde und viel mehr.

Man kann sich nun vorstellen, was in unserem Körper abläuft, wenn wir neben den Weizenmehl-Produkten auch noch **Zucker** essen! Weizenmehl wird in Zucker umgewandelt und das Produkt ist oft schon mit Zucker „verzuckert“. Die doppelte **Verzuckerung** im Körper überfordert jeden Körper, jedes Organe. Es ist viel zu viel und es ist nur selbstverständlich, dass wir chronisch krank werden.

Neben Milchprodukten ist Weizen nach der afrikanischen Medizinlehre schädlicher für die Zähne als Zucker und auch mitverantwortlich dafür, dass die Augen, besonders bei jugendlichen Menschen, immer schlechter werden und die Erektion immer schwächer wird.

Immer mehr wissenschaftliche Studien belegen außerdem, dass Weizen unsere Gesundheit, speziell unsere **Denkleistung** und unser **Gedächtnis**, massiv angreift, es zerstört schleichend unser Gehirn und macht uns **dümmer**. Folgen können chronische Kopfschmerzen, massive Schlafstörungen, Demenz oder Alzheimer sein. Dr. William Davis, Kardiologe, zeigt in seinem Buch **„Wheat Belly"** (2011), wie uns genmanipulierter Weizen abhängig macht und sogar unsere Gedanken und unser Verhalten steuern kann. Durch natürliche Abwehrstoffe verhindert Weizen, dass Mineralien im Körper optimal aufgenommen werden. Die

Folge kann eine Veränderung der **Stoffwechselprozesse** sein, was sich auch geistig bemerkbar machen kann.

Die Weiterverarbeitung mit Chemikalien macht den Weizen dann noch mehr zu einer Gefahr für die Gesundheit:

- Weizenwampe
- Weizensucht
- Fettleibigkeit
- Rettungsringe
- Schizophrenie
- Bauchschmerzen
- Verdauungsbeschwerden
- Darmkrebs
- Diabetes
- Herzinfarkt
- Übersäuerung
- Müdigkeit
- Osteoporose
- Bluthochdruck
- Allergien

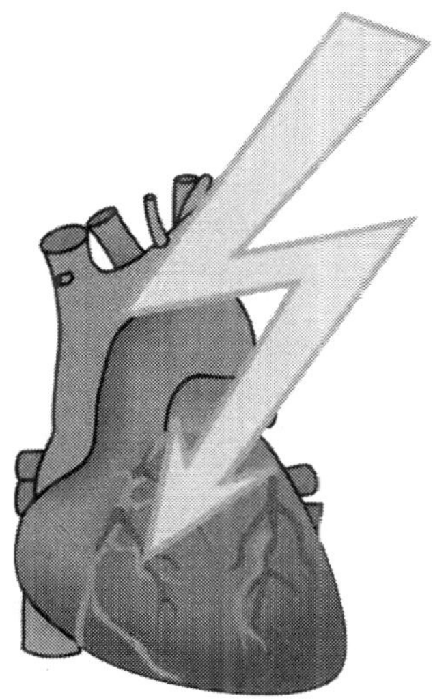

Dies sind einige Krankheiten, die durch den Konsum von Weizen entstehen können.

Weizen kann **süchtig** machen, wie Dr. Davis herausfand. Tatsächlich machen manche Weizenarten gerade wegen des **Serotonins** süchtig und man will immer mehr.

Wie alle Lebensmittel, die reich an Kohlenhydraten und Stärke sind, lassen Getreideerzeugnisse, wie Brot oder Nudeln, den **Blutzuckerspiegel** rapide ansteigen, was die Gefäße angreift. Daraufhin produziert die Bauchspeicheldrüse sehr viel Insulin, der Blutzuckerspiegel sinkt schnell wieder ab und man bekommt Lust auf neue Kohlenhydrate. Das bedeutet, dass man mit der Zeit viel mehr **Kalorien** zu sich nimmt, als der Körper braucht und abbauen kann. Das führt zu Fettleibigkeit und Gewichtszunahme und zur vorzeitigen Alterung der Zellen.

Zu viel Getreide und Getreideprodukte, bzw. die Mischung aus Getreide und anderen industriellen Lebensmitteln machen uns nicht nur **krank**, sondern auch schneller **alt**.

Menschen, die wenig Getreide essen, haben ein viel schöneres Hautbild. Sie haben weniger Falten im Gesicht, ihre Haut wird nicht so schnell schlaff und ihre Muskeln nicht schlapp.

Gliadin in Weizen steuert unser Gehirn und lässt uns noch mehr Hunger auf Weizen haben

„..Dr. Davis fand schließlich den offenbar Schuldigen an diesem Desaster: Ein Eiweiß namens Gliadin. Es ist Bestandteil des Weizenproteins Gluten, das bei manchen Menschen zu einer Unverträglichkeitsreaktion, der Zöliakie führt. Abgesehen davon jedoch hat Gliadin noch ganz andere Auswirkungen auf den menschlichen Organismus – und zwar nicht nur bei empfindlichen, sondern bei allen Menschen.

Gliadin führe – so Dr. Davis – grundsätzlich zur folgenden Reaktion: Wenn Gliadin verdaut wird, werden so genannte Exorphine ausgeschüttet. Exorphine sind Stoffe, die ähnlich wie Opium, also in gewisser Weise betäubend, wirken und gleichzeitig süchtig machen können. Sie können die Blut-Hirn-Schranke passieren und binden sich im Gehirn an sog. Opioid-Rezeptoren, was eine Sucht initiiert – eine Sucht nach Weizen.

Der Appetit auf Weizenprodukte wird auf diese Weise stimuliert, woraufhin die Lust nach immer mehr Teig- und Backwaren steigt. Wird dieser Lust nachgegangen, erhöht sich natürlich auch die Kalorienzufuhr und der Betreffende nimmt zu.

Die Weizen-Exorphine sind übrigens derart suchtauslösend, dass ein Pharmaunternehmen bereits ein Medikament entwickelt hat, das die Opioid-Rezeptoren – bei anhaltendem Weizenprodukteverzehr – blockieren kann und als Schlankheitsmittel dienen soll. Erste Tests zeigten dann auch verblüffende Ergebnisse. Die Testpersonen verloren im Laufe von sechs Monaten 10 Kilogramm – und zwar ohne jede Ernährungsumstellung. Wer klug ist, braucht keine Schlankheitspille, sondern lässt einfach den Weizen weg.“ Quelle: http://www.zentrum-der-gesundheit.de/mehl.html

2.2.3. Mehl Typ 405, 1050, 1700 – was ist das?

Wir lesen auf der Verpackung von Weizen oft Zahlen wie 405, 1050, 1700 usw. was bedeuten sie?

Die Zahl gibt uns (bzw. sollte uns geben) eine Vorstellung vom Restgehalt an **Mineralstoffen**.

Je größer die Typenzahl ist, umso mehr Mineralstoffe sind enthalten und umgekehrt, je kleiner die Typenzahl ist, umso weniger Nährstoffe sind enthalten.

Wenn das Weißmehl die Zahl 405 trägt, bedeutet das, es enthält pro 100 Gramm Mehl noch 405 Milligramm Mineralstoffe, ein Mehl mit der Typenbezeichnung 1050 entsprechend 1050 Milligramm Mineralien pro 100 Gramm, Mehl mit 1700 (Vollkornmehl) 1700 Milligramm Mineralstoffe pro 100 g usw.

Weizen ist so reich an **Eiweiß** wie kein anderes Getreide – und kann je nach Sorte bis zu 55% aus **Gluten** bestehen.

2.2.4. Gluten, Gefahr für den Körper

Laut Wikipedia ist **Gluten**, **Kleber** oder **Klebereiweiß**, ein Sammelbegriff für ein Stoffgemisch aus Proteinen, das im Samen einiger Arten von Getreide vorkommt. Wenn Wasser zu Getreidemehl gegeben wird, dann bildet das Gluten beim Anteigen aus dem Mehl eine gummiartige und elastische Masse, nämlich den Teig. Der Kleber hat für die **Backeigenschaften** eines Mehls eine zentrale Bedeutung.

Man geht davon aus, dass etwa 1/3 aller Menschen Gluten nicht **vertragen** können. Die richtige Zahl wäre aber viel höher, wenn die Ärzte mehr auf die Ernährung ihrer leidenden Patienten schauen würden. Unsere **Verdauungsenzyme** können Gluten nicht in **Aminosäuren** zerlegen. Gluten ist **verdauungsresistent** und kann mit der Zeit den Darm **durchlässig** machen und somit ins Blut gelangen.

Die Industrie benutzt Gluten auch als **Klebstoff** und genauso verklebt es unseren Körper und behindert so die Aufnahme von Nährstoffen. Das führt zu einem **Nähstoffmangel**. Die Folge für den Körper sind **chronische Entzündungen**, die wiederum chronischen Krankheiten wie Krebs verursachen. Gluten kann auch **Depression** verursachen, wie Forscher von Uni Monash in Australien bewiesen haben. Außerdem beschleunigt es den Alterungsprozess.

Bei einer Gluten-Unverträglichkeit (**Zöliakie**) oder Empfindlichkeit sind folgende Getreide mit hohem Glutengehalt zu vermeiden:

- Weizen
- Dinkel
- Roggen
- Kamut
- Einkorn
- Quinoa: Quinoa ist nicht direkt ein Getreide, enthält aber Prolamine, die für Menschen mit Glutenunverträglichkeit toxisch sind

Glutenfrei sind dagegen

- Hirse
- Mais
- Reis
- Quinoa
- Amaranth
- Buchweizen

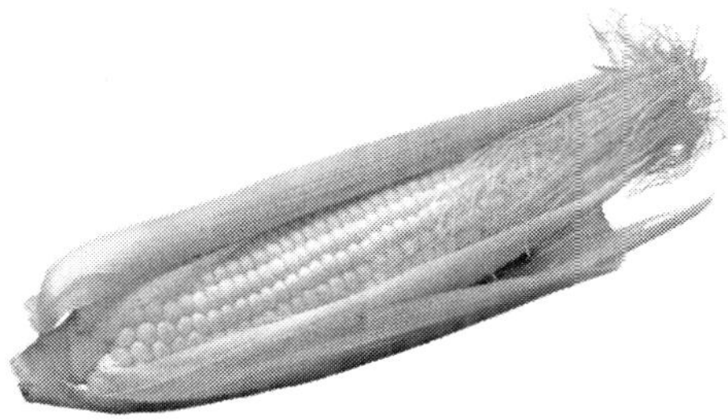

Getreide mit wenig Gluten sind

- Hartweizen
- Hafer
- Gerste

Oft stellen die Ärzte überhaupt keine Verbindung her zwischen den Beschwerden eines z.B. **übergewichtigen** Patienten und dem Konsum von **Weizen**, obwohl schon eine strenge glutenfreie Ernährung viele Krankheiten verschwinden und Pfunde schmelzen lassen würde, wie ich in meinem Coaching festgestellt habe.

Außerdem ist zu erwähnen, dass Mehl den **Insulinspiegel** noch stärker als Haushaltszucker beeinflusst. Das Mehl bzw. die

Mehlstärke wird schon im Mund durch den Speichel in einfachen Zucker umwandelt. Haushaltszucker wird erst im Magen gespalten. Die Konsequenz daraus ist, dass unser Insulinspiegel schon beim Mehlessen wegen des Zuckers **steigt** und uns motiviert, noch mehr Mehl zu essen. Das bedeutet auch noch mehr Zucker und wiederrum danach noch mehr essen. Man wird fast süchtig:

Mehl-Zucker-Insulin-Hunger-Zucker-Insulin-Hunger-Zucker.

Weitere versteckte Quellen von Gluten in unseren Weizenprodukten

Gluten wird heute ohne jegliche Deklarierung Mehlprodukten zugesetzt.

Da **Gluten** enzymatisch verarbeiten werden kann und zur Herstellung von Emulgatoren, Verdickungsmittel, Geschmacksstoffe usw. benutzt wird, wird es als **Zusatzstoff** während der Verarbeitung von Weizenprodukten wie Brot und Nudeln verwendet. Die Bäcker und die Industrie benutzen es gern, um Brötchen und andere Backprodukten besonders lange **frisch**, **weich** und **lecker** zu haben. Alles ganz offiziell, preisgünstig und ohne dies deklarieren zu müssen. Das ist ein weiteres **Gegenargument** für Menschen, die meinen, dass man doch **früher** auch Weizenprodukte gegessen habe und gesund war, und deswegen könne Weizen nicht ungesund sein. Ja, wie man nun sieht, gaben unsere Vorfahren aber nicht zusätzlich und absichtlich **Abfälle** aus der Verarbeitung von Stärke und Traubenzucker (Gluten) in ihr leckeres Brot.

Gluten soll für mehr als 200 Krankheiten verantwortlich sein, sagen bestimmte Quellen. Mehr in Kapitel 2.2.2 „Wie Weißmehl den Körper gefährdet…“

2.3. Weizen-Wahnsinn, oder wie Weizen abhängig macht und unser Gehirn steuert – mein Experiment: wie Weißmehl mich depressiv machte

Ich machte ein Experiment mit einer Klientin, um festzustellen, wie weit Weizen und Zucker Macht über ihre Esslust übernommen hatten und entdeckte Erstaunliches. Sie hatte viele Probleme mit ihrem **Darm**. Sie hatte ständig **Bauchschmerzen**, schmerzhafte Regel und viele **Pickel**. Ihr ging es einfach nicht gut und die zahlreichen Tabletten der Ärzte halfen nicht. Auch psychisch ging es ihr schlecht als sie zu mir kam. Ich studierte ihre Essgewohnheiten und stellte fest, dass sie sehr, sehr viele **Weißmehlprodukte** konsumierte. Ich empfahl ihr brutal, von heute auf morgen darauf zu verzichten, auch auf **Zucker**. Sie rief mich nach drei Tagen an und erzählte mir dies:

> „... Dantse ich glaube, ich werde **verrückt**! Ich fühle mich schrecklich und **aggressiv**. Ich schreie rum und schimpfe mit allen. Ich kann kaum **schlafen** und habe

> **Angst**. Ich fühle mich leer, elend und spüre dir gegenüber **Hass**, weil du mir mein Brot, meine geliebten Nudeln, den Nachmittags-Kuchen mit meinem Latte verboten hast. Ich laufe in meiner Wohnung hin und her und glaube ich kann nicht mehr. Ich muss jetzt einfach Nudeln kochen. Ich habe starke **Migräne**, aber erstaunlicherweise habe ich keine **Bauchschmerzen** mehr. Das ist das, was mir Mut macht, dass ich vielleicht auf einem guten Weg bin. Ich bin aber so traurig…“

Und sie **weinte** ohne Grund fürchterlich am Telefon. Kurze Zeit später rief sie wieder an, um sich zu entschuldigen und zu versichern, dass sie mich nicht hasst und weiß, dass ich ihr gut tue.

Zwei Monaten später, nach hartem Kampf und mit Sport als „Beilage“ hatte sie es vollkommen **überstanden**, sich 30 Jahre lang jeden Tag mit Weizenprodukten vollzufressen. Sie könnte zwar noch Weizenprodukte essen, aber nur gelegentlich, und vor allem war dieser **Zwang weg**. Es ging ihr psychisch wieder **gut**. Die depressiven Stimmungen waren gänzlich weg. Seit 4 Wochen hatten sie **kaum noch Migräne und Kopfschmerzen**, ihre letzte Blutung war ganz schmerzlos verlaufen, sie hatten keine Lust mehr auf Süßes usw. Das waren für mich Zeichen ähnlich wie bei einem Menschen, der auf **Drogen-Entzug** war.

Klar kann man ihre Situation nicht auf alle Menschen verallgemeinern, aber es war für mich ein Grund, mich noch intensiver mit diesen Sachen zu beschäftigen und ich entdeckte bald sehr interessante Dinge.

Zusammenhang zwischen Weißmehl und psychischen Krankheiten und Verfassungen

Beobachtungen aus meinem Coaching machten mich noch aufmerksamer auf Weißmehl. Einige meiner Coachingkunden, die **psychische Beschwerden** hatten, liebten **Weißmehl**. Sie berichteten mir, dass sie manchmal Anfälle hatten, bei denen sie pures Weißmehl brauchten und zu sich nahmen. Einige mischten es einfach mit Zucker und aßen es, andere mischten das Mehl mit Wasser und Zucker und tranken die Mischung, oder sie machten schnell Pfannkuchen.

Besonders bei Klienten mit starken psychischen Störungen, wie Depression und Borderline, waren Weißmehlprodukte fast wie eine Sucht.

Eine Klientin rief mich an und sagte:

> „Dantse, ich bin wieder ganz unten. Ich habe zwei Tassen Weißmehl mit Wasser vermischt getrunken. Ich kann nicht mehr. Ich habe **Angst**. Ich will mich **umbringen**."

Was hatte das Mehl dabei für eine Rolle gespielt? Das weiß ich nicht genau. Aber bei dieser Frau waren, wenn sie Anfälle hatte, immer irgendwie Mehlprodukte in der „Nähe".

Eine andere Klientin, die an **Borderline** erkrankt war, konnte innerhalb von nur 5 Minuten ein ganzes Baguettebrot aus Weißmehl in Stückchen reißen, in einfaches Öl tunken und essen. Weißbrot war für sie genauso schlimm wie die Krankheit selbst.

Diese Verhaltensweisen brachten mich erst richtig darauf, über den Zusammenhang zwischen **Weizen** und psychischen Krankheiten wie **Depressionen** zu recherchieren.

Ich machte mit mir selbst das Experiment und aß sehr viel Weißmehl, in allen Formen, auch pur, wie diese Klienten

Nach 5 Tagen veränderte sich meine Stimmung total. Ich hatte tatsächlich eine **depressive** und **aggressive** Stimmung. Ich fühlte mich allgemein unwohl, ohne einen Grund dafür zu haben. Ich wurde stetig kraftloser und fand **kaum Antrieb** für Sport, den ich normalerweise begeistert betreibe.

Ich trank auf einmal viel **Cola**, ein Getränk, das ich normalerweise nicht einmal im Jahr trinke. Aber der Durst auf kohlensäurehaltige Getränke war sehr groß, auch auf Wasser mit Kohlensäure. In diesen 5 Tagen veränderte sich auch mein **Zucker- und Salzkonsum** enorm.

Was ich wirklich sehr stark feststellte war, dass ich, ein positiv denkender Mensch, auf einmal überfüllt war mit **negativen Gedanken** und **Schuldzuweisungen** an Dritte. Ich fing an, an mir zu zweifeln und hatte Angst. Ich kam kaum noch raus aus meinen negativen Gedanken. Diese Stimmung verbesserte sich kurz, wenn ich wieder purer Weißmehl zu mir nahm. Ich war wieder für einen Moment glücklich. Aber kurze Zeit später intensivierte sich diese Nervosität und dieses **Antriebslosigkeitsgefühl** dann wieder. Ich war fixiert auf alles, was mit Weißmehl zu tun hat und zum ersten Mal im Leben **backte** ich. Meine Konzentration auf Weißmehlprodukte war maximal. Nudeln, die ich selten esse, aß ich zweimal am Tag!

Ich spürte ebenfalls eine **Lustlosigkeit** auf Sex, denn ich bekam Probleme mit der Erektion. Ich hatte zum ersten Mal in meinem Leben stundenlang **Migräne** und **Kopfschmerzen**, sowie weitere Beschwerden, wie **Bauchschmerzen**, schweren Stuhlgang, Pickel, Schmerzen in den Knochen, plötzliches **Herzrasen** usw.

Bemerkenswert war, dass die **Symptome** wie magisch nur einen Tag später anfingen zu **verschwinden**, als ich das Weißmehl nicht mehr zu mir nahm und meine **Ernährung total änderte**. Auch meine Erektion wurde wieder normal. Aber ich kämpfte ein bisschen, um der langsam einsetzenden **Sucht nach Brot** zu entkommen. Der Entzug war nicht zu schwer, weil mein Wille stärker war, dennoch war er nicht ohne. Am zweiten Tag des Entzugs fühlte ich mich sehr **elend**. Neben der **Nervosität**, kam die **Aggressivität**, die sich bei mir still äußerte. Ich konnte mich die folgenden Tagen nur durch intensiven **Sport** beruhigen. Irgendwann war es vorbei.

Dass ich **Gewicht** zugelegt hatte, merkte ich, bzw. beobachtete ich erst einige Tage später. Es war mir nach dieser Erfahrung, die ich in dem Buch **„Weizen-Wahnsinn"** detailliert darstellen werde, klar, dass Weizen – zumindest mich – **süchtig** macht, mich dazu bringt mich weiter schlecht zu ernähren (mehr Salz, Zucker, Butter, Milch), mich **körperlich krank** macht und vielleicht auch **psychisch**? Leider wird nicht viel darüber berichtet, aber die Berichte, die ich fand, scheinen mein Experiment und meine Beobachtungen zu bestätigen.

Weißmehl scheint bestimmte Menschen wirklich süchtig zu machen, wie Zigaretten und Alkohol.

Ich konnte noch nicht feststellen, ob erst die Krankheit diese Menschen nach Mehl süchtig macht oder ob das Weißmehl ihre Krankheit verstärkt oder gar verursacht.

3. DROGE:
ZUCKER

Raffinierte und künstliche Zucker

Wir essen viel zu viel Zucker. Im Schnitt verbraucht jeder Deutsche 31,3 Kilo Zucker pro Jahr. Zucker macht Heißhunger auf Süßes.

Zucker kann ein Suchtmittel sein. Er wirkt langfristig, wenn man ihn im Übermaß und regelmäßig zu sich nimmt, wie ein Rauschgift. Das bedeutet, er ist eine Substanz mit einem hohen Missbrauchspotenzial, imstande einen problematischen Konsum zu verursachen und den Körper abhängig zu machen und zu beschädigen.

Den Zucker gibt es nicht. Es gibt nicht *den einen* Zucker. Der Name täuscht uns schon. Ich würde es vorziehen zu sagen: **die Zuckers**. Denn wir werden durch die Bezeichnung „der Zucker" verleitet, viel mehr Zucker zu konsumieren, ohne es zu wissen, **weil viele Zucker gar nicht Zucker heißen**. Sie werden absichtlich nicht richtig definiert. Man lässt uns glauben, dass Zucker nur diese weißen oder braunen Kristalle oder so eine Puder-ähnliche Substanz ist. Wenn man dieses nicht offensichtlich benutzt hat, oder wenn auf einer Packung nicht eindeutig der Name *Zucker* steht, geht man davon aus, dass man keinen Zucker verzehrt hat. Ob dies nun Absicht seitens der Industrie ist, kann ich nicht sagen, aber diese Art mit dem Zucker umzugehen ist sehr gefährlich und ist eine Lüge, denn es gibt viele Zucker in verschiedenen Arten in verschieden Lebensmitteln unter verschiedensten Namen.

Allein in Deutschland gibt die Industrie jährlich 2,7 Milliarden Euro für **Süßwaren-Werbung** aus und hat mit Süßwaren eine Gewinnspanne von über 15%, während sie mit Gemüsen und Obst nur auf 3-4 % kommen. Nun verstehen wir, warum Zucker nicht Zucker genannt werden muss, aber massiv vertrieben wird.

Täglich essen wir 31 Teelöffel Zucker

> *„Im Durchschnitt essen wir jeden Tag eine Zuckermenge, die 31 Teelöffeln voll entspricht. Das sind etwa 500 zusätzliche Kalorien pro Tag. Bei einem Tagesbedarf von 2000 Kalorien verzehren wir also ein Viertel davon in Form von Zucker, der uns zwar Kalorien, aber sonst nichts weiter beschert. Keine Vitamine, keine Mineralstoffe, keine Ballaststoffe und keine sekundären Pflanzenstoffe."* (www.zentrum-der-gesundheit.de/zucker-als-droge-ia.html)

Viele Menschen behaupten, ihren **Kindern** kaum Zucker zu geben, weil diese Tee ohne Zucker trinken. Ich fragte eine Mutter, ob sie ihrer Tochter Zucker geben würde, weil ihre Tochter Beschwerden hatte, die vielleicht mit einem übermäßigen Konsum von Zucker zu tun haben konnten. Die schöne Ärztin antwortete genervt: „Was glaubst du Dantse, meine Kinder nehmen keinen Zucker zu sich!“ Wir untersuchten gemeinsam die **Essgewohnheit** der Tochter und stellten fest, dass das Mädchen am Ende des Tages mehr Zucker konsumiert hatte, als wenn sie eine Tasse Tee mit Zucker getrunken hätte.

Das Mädchen aß zum Frühstück **Brötchen** mit Bio-**Marmelade** (Marmelade allein hat mindestens 40% Zucker, viele Brötchen enthalten Zucker) oder **Müsli** mit Milch (Müsli ist voll mit Zucker und wir wissen es nicht), mittags aß sie in der **Kantine** (die meisten Gerichte dort enthalten Zucker, egal in welcher Form, auch wenn es **Honig** ist), nahm jeden Tag einen **Bio-Joghurt** zu sich, trank immer Schorle mit Bio-**Säften** (Fruchtzucker), sie bestellten öfter **Asia-Essen** (in das oft Zucker gemischt wird). Die Mutter versuchte dann zusammen zu rechnen und stellte fest, dass ihre Tochter doch **viel zu viel Zucker** am Tag konsumierte, ohne dass sie es wusste und ohne dass es sogar ihr als Ärztin bewusst war.

So ergeht vielen von uns. Im ersten Moment scheint so, als ob wir sehr gesund leben, alles bio und frisch aus der Küche. Wir haben zwar keinen sichtbaren Zucker zu uns genommen, aber sind am Ende des Tages dennoch **voll verzuckert**.

Zucker ist fast überall und in fast allem, was wir zu uns nehmen. Ich finde es pervers, wenn Ärzte Eltern und Kinder davon abbringen, Zucker in den Tee zu tun und dann behaupten, **Schokolade**, **Eis**, **Müsli**, **Nutella** seien nicht so schlimm. Man solle nur danach die Zähnen putzen und nicht zu viel davon essen. Dass in einer Kugel Eis oder einem Cornetto-Eis mehr Zucker enthalten ist, als die Menge, die man in mehreren Tassen Tee gehabt hätte, davor wird nicht gewarnt. Und vielleicht sind diese Zucker sogar schlechter als die, die man in seinem Tee genommen hätte. Was für ein toller Job des Industrie-Marketings!

Fakt ist, wir leben in einer verzuckerten Gesellschaft.

3.1. Was ist Zucker? Wie entsteht er? Was enthält er?

Der Name Zucker kann täuschen. Normalerweise müsste man **die Zuckers** sagen, das bedeutet, Zucker sollte immer in der Mehrzahl geschrieben und verstanden werden. Es gibt nämlich nicht nur einen Zucker, sondern mehrere Zuckers. Zucker ist der Sammelbegriff für viele verschiedene **Einfach**- und **Mehrfachzucker** und **Süßstoffe**. Zucker kommt somit in verschiedenen Formen vor: als **Fructose** in Obst und Gemüse, als **Lactose** in der Milch und als **Saccharose** vor allem in Zuckerrohr oder Zuckerrüben, aus Getreidestärke (**Isoglucose**) vor allem aus Weizen- und Maisstärke.

Alles was süß ist, ist Zucker oder enthält Zucker. Deswegen sind auch Süßstoffe Zucker, denn viele Menschen verzichten auf bekannten Zucker und wenden sich **Süßstoffen** zu, mit dem Glauben, diese wären gesünder. Süßstoffe sind oft viel süßer als normale Zucker – bis zu **3000 Mal süßer**! Deswegen können sie auch noch mehr schaden als die anderen Zucker, auch wenn sie kaum Kalorien haben.

Auch das was nicht süß schmeckt, kann dennoch Zucker enthalten, wie **Kohlenhydrate** zum Beispiel.

Alle Zucker gehören zu den Kohlenhydraten, da sie aus Kohlenstoff, Wasserstoff und Sauerstoff bestehen.

Eine kurze Übersicht der häufigsten Zuckerformen ist vereinfacht in der nachfolgenden Grafik zu sehen:

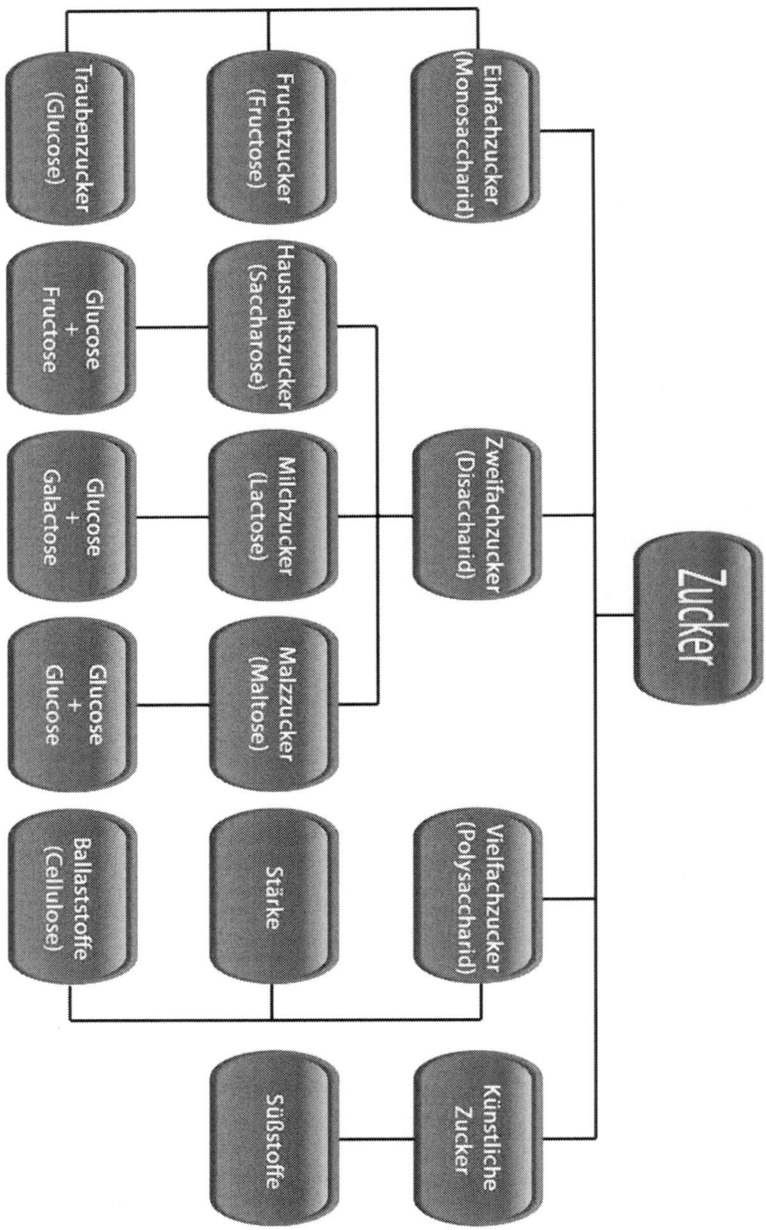
Zucker
Einfachzucker (Monosaccharid)
Fruchtzucker (Fructose)
Traubenzucker (Glucose)
Zweifachzucker (Disaccharid)
Haushaltszucker (Saccharose)
Glucose + Fructose
Milchzucker (Lactose)
Glucose + Galactose
Malzzucker (Maltose)
Glucose + Glucose
Vielfachzucker (Polysaccharid)
Stärke
Ballaststoffe (Cellulose)
Künstliche Zucker
Süßstoffe

Haushaltszucker (Saccharose) wird aus Zuckerrohr und Zuckerrüben gewonnen und wird in verschiedenen Formen angeboten: Hagelzucker, Puderzucker, Rohrzucker oder Würfelzucker.

Milchzucker (Lactose) kommt in Milch und Milchprodukten vor und ist ein Zweifachzucker, der aus Glucose und Galactose besteht. Seine Süßkraft beträgt aber nur etwa 20% derjenigen der Saccharose.

Maltose (Malzzucker) wird aus dem Abbau von Stärke gewonnen und ist genau wie Saccharose ein Zweifachzucker. Maltose ist ein wichtiger Bestandteil von Bier, da sie beim Keimen von Getreide (zum Beispiel Gerste) entsteht. Diese Zweifachzucker, wie auch Stärke, müssen, um Energielieferanten zu sein, zuerst durch Enzyme zu Einfachzucker gespaltet werden.

Natürliche Fructose (Fruchtzucker) auch „schneller" Zucker genannt ist ein Einfachzucker, der in Obst und Honig vorkommt.

Künstliche Fructose, die im Lebensmittelhandel erhältlich ist, wird chemisch aus Glucose oder Saccharose hergestellt.

Stärke ist ein Vielfachzucker, der aus einer langen, teilweise verzweigten Kette aus Glukosebausteinen aufgebaut ist.

Raffinierter Zucker: Meistverbrauchter Haushaltszucker, besteht zu 100% aus Saccharose.

Natürlicher Traubenzucker ist ein Einfachzucker, wie Fructose.

Künstlicher Traubenzucker, auch **Dextrose** oder **Glucose** genannt, der im Handel angeboten wird, wird chemisch durch den Abbau von Stärke hergestellt.

Weißer Zucker ist auch ein Haushaltszuckers mit einem Restgehalt an Mineralstoffen.

Brauner Zucker ist Rüben- oder Rohrzucker, der nicht vollständig gereinigt ist. Weißer und brauner Zucker zeigen kalorientechnisch keinerlei Unterschied. Der braune Zucker kann vielleicht noch minimal Mineralstoffen enthalten, aber nicht genug, um besser zu sein. Beide Zucker machen die Zähne gleichermaßen kaputt. Brauner Zucker ist also ein Zwischenprodukt von Rohprodukten (Rohr- oder Rübenzucker) auf dem Weg zum weißen Zucker. Die Farbe kommt von den noch enthaltenen Sirupresten und hat nichts zu tun mit „gesünder". Er hat einen malzig-karamellartigen Beigeschmack.

Künstliche Zucker und Süßstoffe: siehe nächstes Kapitel 3.2 „Zuckers, die nicht Zucker heißen dürfen".

3.2. Zuckers, die nicht Zucker heißen dürfen: Künstliche Zuckers und Süßstoffe

Zucker essen, ohne dass uns bewusst ist, dass wir bis zu 3000 Mal mehr Zucker zu uns nehmen, als wir es mit „normalen" Zuckers getan hätten: Bereits eine kleine Süßstoff-Tablette entspricht der Kraft eines Teelöffels Zucker.

Die anderen Namen der Zuckers, die wir nicht als Zucker erkennen dürfen

Besonders schlimm für den Konsument sind die **Decknamen**, mit denen die Politik der Nahrungsmittelindustrie erlaubt, uns zu täuschen. Wir fressen uns mit Zucker voll, ohne es zu ahnen. Das Perverse daran ist, dass diese Politik, zusammen mit der gleichen Industrie und den gleichen Ärzten, dafür wirbt weniger Zucker zu essen und gleichzeitig neue **chemische Zucker** erfindet, die schlimmer sind, als die Zucker, die wir kennen (Kristallzucker oder Puderzucker). Dann geben sie den neuen Zuckers einen wissenschaftlichen Namen, die kaum ein normaler Verbraucher als Zucker erkennen kann, ohne danach zu googeln.

Zucker ist nicht nur dort enthalten, wo er ausdrücklich draufsteht!

So werden Zuckers in unserer Ernährung mit verschiedenen Namen versteckt. Sie werden chemisch hergestellt und Maissirup, HFCS Lactose, Glucose, Dextrose, Glucosesirup, Amazake, Sucrose, Galactose oder Maltose genannt.

Süßstoffe sind zum Teil 3000 Mal süßer als „normale" Zucker.

Wer von uns würde auf der Verpackung eines Produkts diese Zuckers erkennen?

Acesulfam (E 950) 130–200 x süßer

Aspartam (E 951) 200 x süßer

Aspartam-Acesulfam-Salz (E 962) 350 x süßer

Cyclamat (E 952) 30–50 x süßer

Neohesperidin (E 959) 400–600 x süßer

Neotam (E 961) 7.000–13.000 x süßer

Saccharin (E 954) 300–500v

Sucralose (E 955) 600 x süßer

Steviosid (E 960) 250–300 x süßer

Thaumatin (E 957)

Curculin

Erythrit

Miraculin

Osladin

Perillartin

Phyllodulcin

Stevia

Guanidin: Derivate

Nitroaniline: Derivate

Das sind alles Zucker, die in verschiedenen Nahrungsmitteln versteckt sind und uns dazu bringen Zucker zu konsumieren, ohne es zu wollen oder zu wissen.

3.3. Welche Zuckerarten sind gefährlich für den Körper?

Natürlicher Zucker, wie wir ihn in natürlichen Lebensmitteln finden, ist in normalen Mengen nicht gefährlich. In **natürlichen Lebensmitteln** ist er in ausgewogener Menge und im Verbund mit vielen Vital- und Nährstoffen vorhanden. Er ist wichtig und **gesund** für den Körper, denn der Körper braucht auch Zucker, damit die Organe und Zellen gut funktionieren.

Gefährliche Zucker sind **raffinierter** Industriezucker, **künstliche** Zuckers, **Süßstoffe**, die kaum Vitalstoffe enthalten und stark konzentriert sind. Diese Zucker werden in nahezu alle Fertigprodukte gemischt. Mehr in Kapitel 3.2. „Zuckers, die nicht Zucker heißen dürfen“.

3.4. Welche Rolle spielt Zucker im Körper?

Die Zuckers liefern dem menschlichen Körper schnelle brauchbare **Energie**. Der Körper kann Zucker in **Fett** umwandeln und Fett auch in Zucker.

Raffinierte und andere „reine“ Zucker liefern nur reine **Kalorien** (Energie) **ohne** die wichtige **Nährstoffe** (Vitamine, Enzyme, Mineralstoffe usw.).

Da sie schneller in der Blutbahn landen, ist eine „Überdosis“ an Zucker-Kalorien, die der Körper nicht verbrauchen kann, schnell erreicht – mit fatalen Konsequenzen.

3.5. Zucker statt Fett als Geschmacksverstärker

Zuckers dienen heutzutage nicht nur als Süßungsmittel, sondern fungieren immer mehr als **Geschmackverstärker**. Früher wurde hauptsächlich Fett als Geschmacksträger verwendet, da aber das **Fett** immer mehr in **Verruf** kam und alle es als Hauptursache von Fettleibigkeit und Krankheiten abstempelten, reagierte die Lebensmittelindustrie clever. Sie ersetzte Fett **vermehrt** durch **Zucker** und **Salz**, damit ihre Produkte weiter gut schmeckten.

So wurde der Verbraucher getäuscht, denn Zucker enthält auch Kalorien und kann im Körper zu Fett umgewandelt werden. Das bedeutet, an Fett hat man dann gar nicht so viel gespart, aber nun hat der Körper zusätzlich auch noch mit **zu viel Zucker und Salz** zu kämpfen. Früher war es nur Fett!

3.6. Wie Zucker den Körper krank und dick macht

WICHTIG: Gelegentlichen Konsum von Zucker (Zucker, Kuchen, süße Getränke, Marmelade, Süßigkeiten, Eis usw.) kann der Körper gut abfangen und erfolgreich verwerten. Gefährlich wird es, wenn Zucker die Basis deiner Ernährung wird und du ihn jeden Tag und sogar mehrmals am Tag isst.

Zucker ruft nach mehr Zucker, wirkt wie eine **Droge** und hält das Hungergefühl wach. Zucker ist eine sehr wichtige Produktionsanlage für **Fett** im Körper und künstliche Süßstoffe erzeugen **Heißhungeranfälle** gerade auf Süßes.

Zucker kann wie ein Gift wirken

Das Gift schmeckt aber so gut und wir machen uns glücklich mit unserer **Schokolade**, unseren **Süßigkeiten**, Kuchen, Fertiggerichten, Medikamenten, Getränken, mit unserem Joghurt, Eis, Naschzeug usw. Täglich landet dieses Gift in Erwachsenen und Kindern, sogar in Babys, obwohl es doch einer der größten Killer überhaupt ist, wie Studien aus den USA zeigen. Bis zu 35 Millionen Menschen sterben jährlich indirekt am Konsum von Zucker. Da Weizenprodukte durch das Hinzufügen von Zucker erst richtig lecker werden, führt der Zucker dazu, dass **exzessiv Weizen** konsumiert wird. Zucker greift die **Milchzähne** bei Kindern an. Zucker ist eine der Hauptursachen von **Übergewicht**.

Eine zuckerreiche Ernährung erhöht die Synthese von Insulin (Hormonspeicher) und verringert die Produktion von **Glucagon** (das Hormon, das zum Abbau nötig ist), dem Gegenspieler des Insulins. **Ein hoher Insulinspiegel führt zu Gewichtszunahme.** Diese Gewichtszunahme senkt den Testosteronspiegel (Vertrauenshormon und Muskel-Synthese). Ein niedriger Testosteronspiegel fördert ebenfalls die Gewichtszunahme!

Viele Süßigkeiten können die Gefäße verkleben und dafür verantwortlich sein, dass diese schneller altern.

Seit mehreren Jahren zeigt die Gesundheitsbehörde von New York in **Aufklärungsvideos** wie stark zuckerhaltige Getränke der Gesundheit schaden. Sie warnen davor, zu viel Zucker zu konsumieren, denn das kann **Diabetes**, **Herzkrankheiten** und sogar **Krebs** auslösen.

Zucker kann auch Alzheimer fördern, schadet dem Darm und stört eine gute Verdauung, schwächt das Immunsystem, macht die Zähne kaputt, kann zu Vitalstoffmangel führen, fördert manche Allergien, führt zu depressiven Verstimmungen (viele Menschen, die Depression haben lieben Zucker und Weißmehl), führt zu Autoimmunkrankheiten, Sehstörungen, Leberschwäche und vielen weiteren **Gesundheitsproblemen**.

Ein zu hoher Konsum von zuckerhaltigem Essen (Zucker, Süßigkeiten, Kuchen, Getränke usw.) greift auch die Haut an. In einer Studie, die im *British Journal of Dermatology* veröffentlicht wurde, erklären die Forscher, dass Zucker Proteine im Körper verbreitet, die das Kollagen und die **Elastizität der Haut** beschädigen und die **Alterung** beschleunigen.

Zucker schädigt auch die **Augen**, die **Nieren** und die **Nerven**. Diese Schäden werden durch Diabetes verursacht.

Krebs liebt Zucker...

...und besonders industriellen Zucker (raffinierten Zucker), der in fast allen Fertiggerichten, Softdrinks, Backwaren und Baby- und Kleinkindnahrung versteckt ist, oft unter anderen Namen wie, Fruchtzucker, Fructose, Glucose, Lactose, Maltose, Saccharose, Sirup, oder auch nur einer E-Nummer oder einer chemischen Formel (siehe Kapitel 3.2 „Zuckers, die nicht Zucker heißten dürfen"). Viele Produkte werden mit der dem Slogan **„ohne Zuckerzusatz"** beworben, enthalten aber als Inhaltstoff Fructose. Das ist eine klare Lüge, da **Fructose** ein Zucker ist, der aus Früchten gewonnen wird.

Der US-Forscher Robert Lustig, der mit seinem Team eine Studie über die „giftige Wahrheit" von Zucker durchgeführt hat (veröffentlicht in *Nature* Bd. 482, 2012) sagt:

> *„Es gibt immer mehr wissenschaftliche Beweise dafür, dass Fructose etliche chronische Krankheiten auslösen kann und giftig für die Leber ist. [...] Ein bisschen Zucker ist zwar kein Problem, aber viel Zucker tötet – wenn auch nur langsam."*

Zucker macht dick und fett und Krebs liebt es dort, wo Fett ist!

Es ist wissenschaftlich bewiesen, dass **Tumorzellen** zur Vermehrung viel Zucker brauchen. Viele Forscher, wie Professor Lewis Cantley, von der Harvard Medical School, vermuten, dass in einigen Fällen ein hoher **Zuckerkonsum** Krebs überhaupt erst entstehen lässt.

Mit raffiniertem Zucker treibt man den Insulinwert noch schneller nach oben und lässt die Krebszellen auch viel schneller wachsen als mit normalem Zucker.

Dank Fructose können sich Krebszellen blitzschnell reproduzieren und im menschlichen Körper ausbreiten, wie Wissenschaftler der Universität von Kalifornien, Los Angeles in einer Studie bewiesen haben. Billiger Sirup in Getränken und Fertigprodukten besteht bis zu 90 Prozent aus Fructose (Maissirup wird bevorzugt, da die Industrie damit viel Geld spart).

Süßstoffe können krebserregend sein

Aspartam stand bis Mitte der 70er Jahre als **Kampfstoff** zur biochemischen Kriegsführung auf der Liste der CIA. Viele Süßstoffe, wie Aspartam E951, Cyclamat E952, (seit 1969 in den USA verboten), Saccharin E954, Neotam E 961 und Maissirup (HFCS), sind **krebserregend**. Sie sind bei der Industrie sehr beliebt, denn sie sind wesentlich billiger als Rohrzucker und sind in tausenden Produkten enthalten – vom Softdrink über Kaugummis und Gebäck, bis hin zu Medikamenten.

Da Aspartam zu recht in Verruf kam (krebserregend) entwickelte die Industrie **Neotam**. Aber Neotam ist lediglich ein viel besseres, bzw. ein viel schlimmeres Aspartam. In der Europäischen Union wurde Neotam am 12.01.2010 mit der E-Nummer 961als Süßstoff und Geschmacksverstärker für Nahrungsmittel zugelassen. Da es billiger ist als Aspartam, wird es von der Industrie vermehrt genutzt. Es wird aus Aspartam und 3,3-Dimethylbutyraldehyd synthetisiert ist und **7.000-13.000 Mal süßer als Zucker** und 30-60 Mal süßer als Aspartam (E951). Manche Studien zeigen, dass Neotam wesentlich toxischer ist als Aspartam.

3.6.1. Zucker schwächt Kinder und beeinflusst Schulleistungen

In meinem Coaching, wenn **Eltern** wegen Problemen mit ihren Kindern zu mir kommen, betrachte ich besonders ihr **Essverhalten**. Meistens spielt die Ernährung in der ganzen Problematik eine wichtige Rolle.

Ich habe zum Beispiel festgestellt, dass viele Kinder, die Schwierigkeiten haben sich zu konzentrieren, Lernschwächen haben, schlechte Noten in der Schule bekommen, vielleicht talentiert sind, aber dennoch schlechte Leistungen beim Sport zeigen, die lustlos, kraftlos, aggressiv und antriebslos sind, dass diese Kinder häufig auch übergewichtig sind bzw. mit dem Gewicht zu kämpfen haben. Bei vielen dieser Kinder war festzustellen, dass sie sich **„überzuckert"** ernähren: Sie trinken fast nur **Cola** und andere Süßgetränke, essen viel zu viel **„Süßkram"** (auch in der Schule) wie Chips, Eis, besonders das ganz billige Wassereis, Gummibärchen, Schokolade und viel Pizza und Nudeln mit Tomatensaucen. Ich habe den Eindruck, dass eine Mischung aus viel **Zucker**, **Weißmehl** und **Milch** nicht nur die Gesundheit, sondern auch die **körperliche** und **geistige Leistung** der Kinder stört bzw. beeinträchtigt.

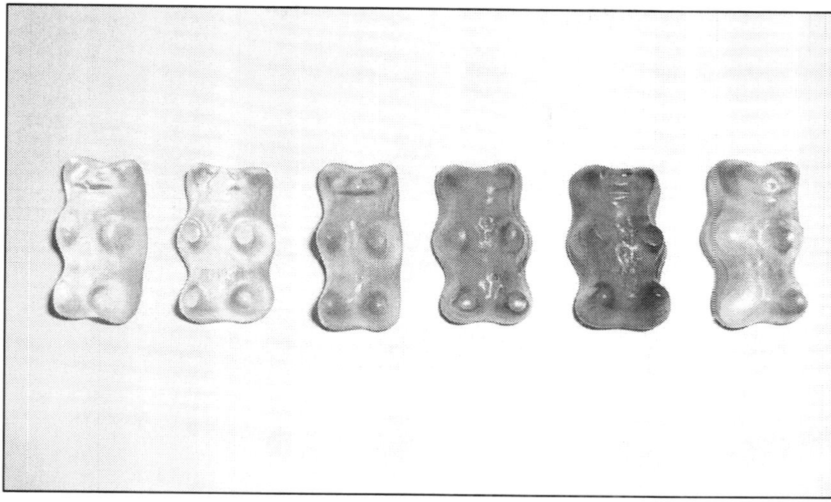

Bei vielen Familien, die ich betreue, waren bei den Kindern schon immense **Verbesserungen** zu verzeichnen, als sie mit dem **Zucker** in jeglicher Form **aufhörten**. Ich kann nicht erklären warum, aber es war so. Um dies zu verstehen machte ich mich auf die Suche nach Studien, die sich schon mit der Sache beschäftigt haben und ich fand sie auch, wie die des Kinderarztes Dr. Lendon Smith, Ernährungsfachmann, der Mann mit der bekannten Behauptung:

„ADHD is not a disease; it is a nutritional deficiency."

(„ADHS ist keine Krankheit, es ist ein Nährstoffmangel.")

In seiner Untersuchungen fand er heraus, dass Kinder, die während der Schulpausen **Zucker** und/oder **Weißmehlprodukte** zu sich nahmen, **Lernschwierigkeiten** in der Schule aufwiesen.

Auch K.-D.-Müller, Pädagoge von der Universität Hannover stellte fest, dass Kinder mit gesunder und **vollwertiger Ernährung bessere Noten** aufwiesen als Kinder, die sich „überwiegend von hellem Brot, kaum Frischobst und vielen Süßigkeiten“, ernährten.

Viele weitere Studien sehen bei manchen Kindern (nicht bei allen) einen Zusammenhang zwischen ihrem **Wohlbefinden**, ihrer **Gesundheit**, ihren **Schul**-und **Sportleistungen** und ihrem **Zuckerkonsum**.

Bei vielen **hyperaktiven** Kindern wird der Zustand nur dadurch verbessert, dass sie mit Zucker aufhören.

Viele Studien zeigen, dass **Kinder die zu viel Süßes** zu sich nehmen oft an Müdigkeit, Hyperaktivität, Depressionen, Stoffwechselstörungen und vielen anderen chronischen Krankheiten leiden.

3.7. Wie Zucker abhängig macht und unser Gehirn steuert

1900 verbrauchte jeder Amerikaner 2 kg Zucker im Jahr. Heute sind es fast **60 kg pro Person und pro Jahr**. Ähnlich ist die Entwicklung in allen westlichen Ländern und weltweit. Viel zu viel, als dass der Körper diesen Stoff gut und gesund verwerten könnte.

Wie bei fast allem liegt das Gift in der Menge: Die Dosis macht das Gift

Zwischendurch mal Süßes naschen, ein Stück Schokolade von Zeit zur Zeit, ein Teelöffel Zucker im Tee, Kuchen da, sogar auch Cola hier sind keine Probleme und werden niemals jemanden abhängig machen. Es wird nur bei diesem **kleinen, kurzen, schönen Gefühl** bleiben, ohne Schaden, ohne negative Nebenwirkung.

Aber wenn die Menge des Zuckers hoch ist und man ihn regelmäßig zu sich nimmt, schadet das dem Körper und das Gehirn wird manipuliert: man wird **zuckersüchtig**. Bei vielen Menschen geschieht es unbewusst, was zeigt, dass Zucker **suchtähnliches Potential** hat.

An Tieren wurden zuerst die Auswirkungen von Zucker auf das Gehirn und auf das Verhalten positiv getestet. Die Forscher um Neurowissenschaftler Bart Hoebel gaben **Ratten** einen Monat lang viel Zucker und bemerkten dann, nachdem sie die Zuckerzufuhr stoppten, dass die Ratten **Suchtverhalten** und klassische **Entzugserscheinung** zeigten.

Bei **Menschen** wurden ähnliche Wirkung registriert und Neurowissenschaftler Eric Stice vom *Oregon Research Institute* in Oregon konnte beweisen, dass Zucker die gleichen Regionen im Gehirn aktiviert, die uns **belohnen** und uns **motivieren**, noch mehr Zucker zu uns zu nehmen. Zucker führt dazu, dass im Gehirn mehr **Serotonin**, **Dopamin** und **Opioid** ausgeschüttet wird.

Dopamin (auch Serotonin) gilt im Volksmund als **Glücks- und Belohnungshormon**. Diese körpereigene Droge gehört zu den wichtigsten Botenstoffen im Nervensystem, die man **Neurotransmitter** nennt.

Dopamin ist zuständig für die Motivation, für mehr Antrieb, mehr Konzentration, Mut, für die Feinmotorik und die Körperbewegung. Es löst eine Art Glücksrausch im Menschen aus.

Diese körpereigene Droge löst das **Verlangen** aus, das Glücksgefühl erneut zu erzeugen und kann so zur Sucht führen. Das ist der Grund, warum wir es zu oft nicht nur bei einem Stück **Schokolade** belassen. Wir wollen nur ein Stück, dann kommt das nächste **und noch einmal und noch weiter** und die Tafel Schokolade ist aufgegessen. Unser Gehirn zwingt uns dazu.

Zucker aktiviert das Belohnungssystem im Gehirn. Dadurch werden im Gehirn sogenannte Belohnungspfade angeregt.

Viel Zuckerkonsum erzeugt eine höhere Dopamin-Ausschüttung bei dem Esser und so **manipuliert** ihn der Zucker mit der Zeit, immer mehr davon zu essen, um den gleichen Effekt, **das schöne Gefühl**, immer wieder zu erleben. Der Gehirnforscher Eric Stice beschreibt, dass Menschen, die sehr viel und regelmäßig Zucker zu sich nehmen (egal in welcher Form) Symptome einer **Substanzabhängigkeit** zeigen. Verglichen mit den Gehirnen von Menschen, die wenig Zucker konsumieren, zeigte sich bei vielen Studien im Gehirn von Menschen, die viel Zucker zu sich nehmen, eine stärkere **Aktivierung des Suchtzentrums**.

Der Suchtforscher Prof. Falk Kiefer von der Universität Heidelberg stellte bei übergewichtigen Patienten deutlich fest, dass ihr Gehirn auf Äpfel ganz anders reagierte als auf Eiscreme. Das Gehirn reagiert auf Zucker ähnlich wie auf **Alkohol** oder andere **Suchtstoffe** und schüttet vermehrt Dopamin aus.

„Dieses dopaminare Belohnungssystem führt dazu, dass alles, was mit dem Konsum von Süßigkeiten zu tun gehabt hat, als etwas Wichtiges, die Aufmerksamkeit Erregendes markiert wird“, sagt der Suchtforscher und meint, wie der Gehirnforscher Eric Stice, dass Zucker „suchtähnliches Verhalten“ auslösen kann. Kiefer: „Die Vorliebe für Süßigkeiten hat viel mit der **Vorliebe für Drogen** zu tun, nur das Ausmaß dieses Problems ist bei Drogenabhängigen in aller Regel viel höher. Wir kennen natürlich auch die schwer geschädigten adipösen Menschen, die trotz der schweren Folgeschäden gar nicht von Zucker lassen können.“ Das bedeutet, die wie **Drogenabhängige** handeln, sie sind süchtig. Das heißt, Zucker konnte im Gehirn die gleichen Reaktionen wie Kokain, Alkohol und Nikotin auslösen.

Viele essen Süßigkeit also nicht, weil sie sie wirklich essen wollen und aus freier Entscheidung kaufen, sondern weil sie sie essen **müssen**, weil sie unbewusst davon **abhängig** sind.

Süßstoffe machen noch schneller süchtig als normale Zucker. Sie enthalten zwar keine Kalorien, aber ihre Süßkraft ist bis zu 3.000-mal höher und dementsprechend intensivieren sie die Wirkung der Süße auf das Gehirn.

Ist **zu viel** Dopamin im Spiel wirkt er nun umgekehrt. Man hat **Schweißausbrüche**, Kopfschmerzen, Schizophrenie, Angstimmungen. Gibt es **zu wenig** im Gehirn fühlt man sich **müde**, schlapp, schlecht gelaunt, antriebsloser und es kann sogar zur Krankheiten wie **Parkinson** führen. Bei Menschen mit Parkinson ist nachgewiesen, dass die Dopamin-Konzentration im Gehirn bis zu 90% geringer ist als bei gesunden Menschen.

Der Mensch ist empfänglich für alles, was mit Zucker zu tun hat, weil sein Gehirn so programmiert und **konditioniert** ist. Und das fängt schon an, bevor er geboren wird und über sich selbst entscheiden kann. Er hat den Kampf gegen den Zucker schon längst verloren, ohne die Chance gehabt zu haben, zu kämpfen.

Zucker soll nicht nur dick und süchtig machen, sondern nach neuesten Studien sogar **dumm**.

3.7.1. Gehirn-Programmierung auf Zucker: Zucker-Konditionierung schon im Bauch der Mutter und im Säuglingsalter

Wir schützen unsere **Kinder** davor Zigaretten zu rauchen, Alkohol zu trinken, Drogen zu nehmen. Auch schwangere Frauen werden zum Schutz des Ungeborenen und des Babys auf diese Gifte zu verzichten.

Aber da man uns dazu gebracht hat, Zucker als nicht so schlimm zu betrachten, gilt Zucker für uns als harmlos. **Schwangeren** Frauen wird empfohlen, zuckerreiche Produkte zu sich zu nehmen, um Energie zu haben. Aber das **Ungeborene** isst auch mit und wird so schon in Bauch Zucker-konditioniert. Das geht weiter, nachdem es geboren ist. In vielen Kliniken bekommen Babys schon kurz nach der **Geburt** Zucker in Form von gesüßten Tees.

Viele **fertige Nahrungsmittel** der Babys und besonders die aus Getreide enthalten Zucker und so wird den Babys schon im Bauch und im frühen Babyalter der **Geschmacksinn** von Erwachsenen **antrainiert**. Es funktioniert in diesem Alter wunderbar, weil sich bei Babys der Geschmackssinn noch in der Entwicklung befindet.

So konditioniert läuft der Rest dann allein, und viele Studien begleiten uns auf diesem Wege und beweisen uns, warum **Süßes** gut für unser **Wohlbefinden** ist und uns **glücklich** macht. Dass dieses Wohlbefinden durch die Ausschüttung von Dopamin entsteht und **künstlich** ist und uns **krank** macht, sagt uns in der Werbung zum Mehr-Zucker-Konsum niemand.

Wir **lieben** und wollen Zucker. Wir **verteidigen** ihn als ungefährlich und normal, weil wir meinen, dass es auch in der Natur Zucker gibt und der Körper Zucker braucht. Dass nun der Zucker, der wir zu uns nehmen, nicht das ist, was der Körper braucht, wollen wir nicht mehr sehen. Nein, es geht nicht um

Wollen. Wir *können* das nicht mehr sehen. Wir sind **süchtig** und **konditioniert**. Der Drogenabhängige weiß zumindest, dass er süchtig ist. Mit Zucker ist es anderes, denn die Konditionierung liegt sehr tief, es ist uns nicht bewusst, dass wir Zucker lieben, weil wir ihn **LIEBEN MÜSSEN**.

Viele Studien zeigen ganz klar, dass das Gehirn geradezu auf Zucker geeicht wird. Wie Zucker die Macht über uns übernehmen kann erfuhr ich selbst in meinem **Experiment**.

3.8. Mein Experiment: wie Zucker mich in 14 Tagen veränderte

Dieses Experiment ist ganz persönlich, und Zucker muss auf andere nicht genauso wirken wie auf mich. Das Ergebnis ist nicht wissenschaftlich.

Um die negativen (oder vielleicht auch positiven) Veränderungen auf meinen Körper zu beobachten, unterzog ich mich im Jahr 2012 einem **Zucker-Selbstversuch**.

Vorgabe: Zwei Wochen lang übermäßig Zucker essen, besonders in Tees und Wasser, beim Kochen oder einfach pur. Ich konsumierte **mindestens 20 Teelöffel** (Menge nach oben offen) reinen Zucker (Haushaltszucker) am Tag. Zum Vergleich: die WHO empfiehlt höchstens 25 Gramm (ca. sechs Teelöffel) dieser Zuckerart pro Tag. Ich nahm an manchen Tagen das 10-fache zu mir.

Bevor ich das Experiment anfing, **verzichtete** ich vom 23. Oktober bis 24. Dezember auf Zucker in allen Formen. Ich habe in diesen zwei Monaten **auf alles, was süß und künstlich ist** verzichtet. Auf alle Süßigkeiten, auf Honig, auf Getränke (außer direkte Säfte), auf Kuchen, Joghurt, karamellisierte Gerichte,

Chips usw. Ich begann am 24.12., an Weihnachten, um die „süße Zeit", bzw. die „Süßigkeitenzeit" des Jahres voll auszunutzen.

In den zwei Wochen meines Selbstversuchs sollte ich auf **Weizenmehl** und **Milchprodukten** aller Art (auf Schokolade, Brot, Joghurt, Milch usw.) verzichten, um zu vermeiden, dass das Endergebnis nicht dadurch beeinflusst und erklärt wird.

Ich ernährte mich sonst normal und versuchte darauf zu achten, dass meine **Kalorienaufnahme** trotz der großen Zuckermenge **nicht erhöht** war und sogar unter meinem normalen Tagesverbrauch blieb. Dafür reduzierte ich die Menge an Öl, Fleisch und Kohlenhydraten.

Während des Experiments **verzichtete** ich auch ganz auf **Sport**. Sonst jogge ich mindesten 4 Mal die Woche.

Vor dem Experiment, im August des gleichen Jahres, hatte ich auch bei reduzierter Kalorienmenge und ohne Zuckerzufuhr zwei Wochen auf Sport verzichtet und mein Gewicht beibehalten. Ich hatte ca. 500g insgesamt verloren.

Erste Feststellung nach zwei Wochen

Ich wollte nur zwei Wochen voll verzuckert leben und nach zwei Wochen damit aufhören. Nach zwei Wochen **schaffte ich es nicht**, damit aufzuhören, denn meine Lust auf Zucker war stärker als mein Wille. Die Zuckerart bzw. meine süßen Gelüste veränderten und erweiterten sich. Ich hatte jetzt mehr Lust auf Schokolade, Kuchen (und vor allem auf Streuselkuchen), Cola und Apfelschorle, Kekse, Chips usw., und ich gab meinen Verzicht auf Weizen und Milchprodukte auf. Es dauerte **vier Wochen** bis ich die endlich die mentale und körperliche Kraft fand, aus diesem **Zuckerwahn** auszusteigen. So schwer war der Ausstieg nach nur zwei Wochen voller Zucker!

Der „Entzug“ klappte dann bei mir über den **Sport**. Als ich nach vier Wochen wieder anfing Sport zu treiben, fand ich auch die **Ressourcen** um die Zuckersucht zu besiegen und dann wieder ganz normal Zucker zu „**genießen**“.

Das passierte mit mir in den vier Wochen intensiven Zuckerkonsums:

Essgewohnheiten

- In den ersten zwei Wochen verändert sich nicht so viel in meinen Essgewohnheiten. Ich hatte alles noch im Griff und konnte viele **„Ess-Angriffe" abwehren**. Sie wurden aber immer häufiger und stärker.
- Erst nach der zweiten Woche war die **Lust auf andere Produkte** wie Kuchen, Schokolade, Kekse, Cola, Gummibärchen, aber auch auf Säfte, vor allem puren Apfelsaft, sehr stark und ich aß auch viel mehr, als gewollt und geplant hatte. Ich aß viel mehr **Weißmehlprodukte** und zu viel **Pizza** und **Nudeln** (normalerweise esse ich maximal einmal in der Woche Nudel und vielleicht höchstens zweimal im Jahr Pizza). **Schokolade** fehlte nicht mehr in der Wohnung und sogar in meiner Tasche, die ich unterwegs immer dabei habe, war immer welche. Oft musste ich sehr spät abends, vor dem Zubettgehen, oder sehr früh, sofort nach dem ich aufgestanden war, zuerst Schokoladen essen. Ich

aß nicht wie früher nur ein Stück, sondern in wenigen Minuten eine ganze Tafel.

► Mein **Salzkonsum** war höher. Ich aß sehr viele **Chips**, zu viele gesalzene **Nüsse**, alle zwei Tage war eine 200 Gramm Dose leer (normalerweise esse ich in einem Monat höchstens zwei Dosen geröstete und gesalzene Erdnüsse).

► Mein **Milchkonsum** erhöhte sich besonders durch Joghurt (fast jeden Tag, normalerweise kann ich monatelang auf Joghurt verzichten). Ich aß in dieser Zeit so viel **Eis**, wie in den drei Jahren davor zusammen (normalerweise esse ich im Jahr so höchstens 10 Mal Eis, und höchstens eine Kugel pro Mal).

► Erstaunlich war, dass ich wenig Lust auf **Obst** bekam und wenig **Gemüse** aß.

Fazit: Zucker wirkt appetitanregend und brachte mich dazu, generell mehr zu konsumieren und mich schlechter zu ernähren.

Körperlich Auswirkungen:

- Ich nahm in den ersten zwei Wochen **1,3 Kilo zu** und während der ganzen Phase **4,8 Kg**. Es dauerte 3 Monaten bis ich wieder zurück zu meinem alten Gewicht kam.
- Mein **Bauchumfang** nahm zu.
- Ich bekam viele **Pickel** im Gesicht.
- Ich **stank** aus dem Mund.
- Kurzer Antrieb und dann schnelle **Müdigkeit**.
- Ständiger **Hunger**.
- Stärkere **Zahnschmerzen**.
- **Blähungen**.
- Der **Körpertemperatur** ging oft hoch und auch heute, wenn ich im Sommer weiße Schokolade esse, fange ich an zu schwitzen.
- **Herz-Kreislaufbeschwerden**. Ich hatte den Eindruck, dass es mir zu schnell die Luft wegblieb und mein Herz zu schnell raste, wenn ich nur die Treppe stieg.
- Verminderte **Aufmerksamkeit**.

Wenn ich mich hätte ärztlich untersuchen lassen, hätte man sicher noch mehr **Probleme** an meiner Leber, meinem Herzen, meiner Nieren erkennen können.

Fazit: Ich fand so heraus, dass Zucker **dick** macht und den **Stoffwechsel** stark negativ beeinflusst und dass die Art und Quelle von Kalorien auch entscheidend dafür ist, ob man **zunimmt** oder nicht, denn obwohl ich in den ersten zwei Wochen allgemein weniger Kalorie zu mir nahm, nahm ich dennoch zu. Beweis dafür, dass **Kalorien nicht gleich Kalorien sind**, und dass die wissenschaftliche Annahme man nähme zu, wenn man eine positive Energiebilanz hat, das heißt mehr Kalorien zu sich nimmt, als der Körper braucht, so nicht stimmt.

Mehr darüber, dass Kalorien nicht gleich Kalorien sind liest du in meinen Büchern:

„Abnehmen mit Charme“ (ISBN 978-3-946551-48-5),

„Das Essens-Drama“ (ISBN 978-3-946551-44-7),

„Fettwampe? Ja aber richtig!“ (ISBN 978-3-946551-47-8),

„Nutrazeutika“ (ISBN 978-3-946551-49-2).

Psychisch geschah das Erstaunlichste:

Es wird uns durch Medien und Werbung und sogar manche Ernährungsexperten gesagt, dass **Schokolade** einen Stoff enthält, der **glücklich** macht. So stellt uns die Lebensmittelindustrie ihren Teil der Wahrheit dar und animiert uns Schokoladen und andere Süßigkeiten zu essen. Mein Experiment bewies mir, dass nicht ein magischer bzw. besonderer Stoff dieses **High-Gefühl** erzeugt, sondern der **Zucker**, und dieser Zucker veränderte und **manipulierte** meine **Stimmung** stark.

Wie Zucker mein Gehirn manipulierte und mich somit konditioniert, meine Gefühle kontrollierte, ohne dass es mir zuerst bewusst war

Nach nur einer Woche intensivem Konsum von Zucker wurde ich immer **nervöser**, gereizter, unruhiger, schneller gestresst. Meine Toleranzgrenze sank immer tiefer ab, und ich bekamen immer schneller und regelmäßiger leichte **Wut- und Aggressionsattacken**, die sich schnell verbesserten, wenn ich Zucker zu mir nahm, aber kurz darauf kamen diese Gefühle wieder und immer regelmäßiger. Ich war schneller **aufgeregt**. Ich fühlte mich immer **unwohler** und negativer, **jämmerlicher**. Das machte mir mehr zu schaffen als die körperlichen Probleme und ich wusste nicht warum.

Jedes Mal, wenn ich Zucker zu mir nahm, war ich zuerst so glücklich, aber nach kurzer Zeit müde, schwach, schlecht gelaunt und unruhig. Das schöne Gefühl dauerte immer kürzer. Und das **schlechte Gefühl** danach überwog. Ich fühlte mich schlechter, erregter und **nervöser**, mein Herz schlug schneller und ich fing an zu **schwitzen** und wollte noch mehr Zucker. Ein

Freund von mir, der Arzt ist und mit dem ich viel redete und ihm von den Symptomen erzählte, sagte mir, dass dies mit der höheren Ausschüttung von **Insulin** zu erklären ist. Mein Zuckerverbrauch führte sagte er zu einer **Hypersekretion von Insulin**. Zuerst fühlte ich ein Glücksgefühl. Aber da die Menge des Zuckers zu viel sei, würde auch viel Insulin produziert und das führte dazu, dass der Zucker im Blut zu tief fäll, was diese Gefühle von Unruhe, von Angst, Wut, Müdigkeit, Antriebslosigkeit, Nervosität, Schwäche hervorruft. Man hat dann wieder starke Lust und Verlangen nach mehr Zucker.

Ich war in einem Teufelskreis der Sucht gefangen.

Aber ich aß immer mehr Zucker und nach zwei Wochen war ich voll auf **Schokolade**, die mich nun überallhin begleitete. Ich musste manchmal nachts aufstehen, weil ich dachte müsste Pipi, aber tatsächlich wollte mein Gehirn nur Zucker und ließ mich glauben, dass ich Pipi muss, nur damit ich aufstehe und esse. So passierte es, dass ich um **3 Uhr nachts** aufstand und Schokolade aß. So groß war die Sucht, dass ich aufwachte, um aufs Klo zu gehen – das war bemerkenswert. Normalerweise passiert es selten, dass ich nachts aufstehe, aber jetzt passierte es zu oft und manchmal sogar zweimal in einer Nacht. So fiel mir das erste Mal auf, wie mein Gehirn mich „**anlog**". Um mich zum Aufstehen zu zwingen, gab es mir das Signal, meine Blase wäre voll und ich müsse aufs Klo. Aber tatsächlich, ging es um Süßes. Wenn es keine Schokolade gab, nahm ich einfach einen Teelöffel Zucker oder **Nutella-Creme** in den Mund und ging wieder schlafen.

Ich wurde langsam **umprogrammiert** und mein Körper wurde im Stillen konditioniert. Ich bemerkte, dass diese negativen Stimmungen und ihre Symptome sich schnell verbesserten und verschwanden, sobald ich wieder Schokolade zu mir nahm.

Je mehr Schokolade ich aß, desto länger hielt das schöne und positive Gefühl.

Ich maß das Zeitintervall zwischen dem Verzehr von Schokolade und dem Unwohlfühlen. Ich stellte fest, dass das Intervall immer kürzer wurde und die **negativen Gefühlen** immer **intensiver**. Ich deutete es so: es ging mir schneller schlechter, damit ich so oft wie möglich meinem Körper **Süßes** gab. Die Unbeständigkeit in mir ließ das Gehirn nach noch mehr Süßem suchen, um sich zu **beruhigen**.

Kurz gesagt: mein Gehirn ließ mich immer häufiger und intensiver gereizt, traurig, unzufrieden, wütend sein, wissend, dass ich in diesem Zustand nach Süßigkeiten greifen würde.

Zuckerfreie Schokoladen „besänftigten" mich nicht und lösten in mir keinen Glücksrausch aus

Um zu prüfen, ob es in Schokolade wirklich etwas anderes als Zucker gäbe, das unser Gehirn veranlasst uns ein befriedigendes Gefühl zu schenken, entschied ich mich, wenn es mir schlecht ging oder wenn ich wieder nachts aufstand, nur **Schokolade ohne Zucker** zu essen. Es soll laut manchen wissenschaftlichen Studien gehen, da es am **Kakao** selbst in der Schokolade liegen soll. Nur enthalten die meiste Schokoladen kaum Kakao, deswegen war es sehr wichtig zu testen, was mein High verursachte.

Ich kaufte mir dunkle Schokolade mit **72% Kakao zuckerfrei** und wartete, dass meine Laune wieder trüb wurde, um mich damit zu **dopen** und wieder **gute Laune** zu bekommen. Bald kam auch die schlechte Laune gerannt. Ich freute mich so darauf, wieder Schokolade zu essen. Nachdem ich nach und nach die ganze Tafel in zwei Minuten gefressen hatte, passierte leider nichts. **Nichts änderte sich**. Ich wechselte und nahm eine **Vollmilch-schokolade** und kurze Zeit später war ich wirklich **glücklich**. Ich fühlte, wie ich mir sagt: „Na endlich, hmm **lecker**!“ Ich war so zufrieden wie ein Kind. Ich wiederholte diesen Versuch mit der Schokolade ohne Zucker in vielen Situationen. Das Ergebnis war klar: Schokoladen mit Zucker wirkte schneller und effektiver auf die Stimmung als Schokolade mit viel Kakao und ohne Zucker.

Das bedeutet Zucker und das Süße sind die Stoffe in Schokolade, die uns ein wohliges Gefühl geben und bei manchen Menschen Glückgefühle schaffen. Je süßer desto wirksamer.

Bis heute, 5 Jahre später, schafft Schokolade ohne Zucker es nicht, mich in diese Zustände zu versetzen. Lust auf Schokolade hat bei mir mit Zucker zu tun und nicht mit dem Kakao (lies im Kapitel 3.7 wie Zucker abhängig macht, und du wirst es verstehen.) Dieses High und der Glücksrausch nachdem wir Schoko gegessen haben kommen vom Zucker.

Nachdem ich es aus der Sucht geschafft hatte, nach ca. vier Wochen, verschwanden auch alle Symptome in diesen Maßen. Nur mein altes **Gewicht** zurückzubekommen dauerte länger, denn ich wollte alles ohne Diät schaffen, nur damit, dass ich zurück zu meinen alten Essgewohnheiten kehrte.

Der Entzug, auch wenn er länger gedauert hat, zeigt, dass jeder aus dieser Zuckerabhängigkeit austeigen kann.

3.9. Wo findet man versteckte Zucker?

3.9.1. Im Trinkwasser und in Bier

„Süßstoffe werden nach dem Verzehr vom menschlichen Körper ausgeschieden und gelangen auf diese Weise in die Umwelt. Ihre dortigen Auswirkungen sind derzeit noch nicht absehbar. Manche Süßstoffe werden in Kläranlagen nicht abgebaut. Die Stiftung Warentest verwendet deshalb den Nachweis von Süßstoffen im Mineralwasser als Indikator für oberirdische Verunreinigungen: Werden Süßstoffe im Mineralwasser nachgewiesen, deutet das darauf hin, dass Mineralwasserquellen nicht genügend geschützt sind und Wasser aus oberen Schichten eindringt" Auszug aus wikipedia.

In **Bier** findet man Zucker in Form von Maltose, auch wenn das Bier nicht süß ist. Maltose, auch **Malzzucker** genannt, ist ein wichtiger Bestandteil von Bier, da er beim Keimen von Getreide (zum Beispiel Gerste) entsteht. Maltose ist ein Zweifachzucker, der beim Abbau von Stärke gebildet wird und aus zwei Einheiten Glucose besteht.

3.9.2. In Fertiggerichten, Chips und Brot

Man findet Zucker auch in Nahrungsmitteln, bei denen man ihn nicht direkt erwartet:

Salatdressings, Fertigsaucen, Fertigsuppen, Ketchup mit bis zu 25% Zucker, Nudelsaucen, Wurst, Dipsaucen, Essiggurken, Tomatensauce, Käsemischungen, Kentucky Fried Chicken, alle McDonald's Gerichte, Hamburger, Chips, Döner, in vielen asiatische Gerichten, in Marinaden, in allen **Fertiggerichten**. Auch vorgefertigte **Pommes** aus dem Tiefkühlfach, bereit zum Frittieren, enthalten Zucker.

Zucker ist auch ein wichtiger Bestandteil von ganz normalem **Brot**.

Wer denkt schon an Zucker in **Chips**? Sie sind doch so gesalzen? Falscher Eindruck. Diese stark gesalzenen Lebensmittel sind nur genießbar, weil sie auch voll verzuckert sind. Die Mischung aus **Zucker** und **Salz** lässt uns immer weiter **Lust** haben zu essen.

3.9.3. In fettarmen *(Light)* Produkten

Wenn **Fett** reduziert oder entnommen wird, fehlt oft der Geschmack. Es schmeckt alles nicht mehr so gut, denn Fett ist ein **Geschmackträger**. Damit es dennoch schmeckt, wird das Fett durch künstliche **Zucker** und Salz ersetzt, die am Ende sogar mehr **Kalorien** zusammenbringen als das Produkt mit dem ursprünglichen Fettgehalt.

3.9.4. In Medikamenten und Zahnpasta für Kinder

Zwar wird uns ausdrücklich gesagt, dass **Zahnpasta** kein Zucker enthält. Aber es wird nicht gesagt, dass man damit nur Zuckerarten wie den raffinierten Zucker meint. Allein, dass auf manchen Zahnpasta-Tuben steht „Ohne Zucker", zeigt, dass Zucker in vielen anderen vorhanden sind.

In vielen Zahnpasten sind sehr wohl Zucker (chemische Zucker wie **Dextrose**, künstliche **Süßstoffe** wie **Saccharin**, das viel süßer ist als herkömmlicher Zucker, **Aspartam**, **Stevia**. **Xylit** und

Zuckeraustauschstoffe wie **Sorbit**, der bekanntlich Karies fördert) enthalten. Haben wir uns schon einmal gefragt, warum es Kinder gibt, die gerne Zahnpasta essen? Kinder werden dazu angehalten, nach dem Verzehr von Süßigkeiten die Zähne zu putzen, um den Zucker zwischen den Zähnen zu entfernen. Dazu werden Kinderzahnpasten benutzt, die voll Zucker sind. Wer kann bitte die Logik dahinter verstehen? Klar, dass es nicht auf den Verpackungen steht, dass die Zahnpasta Zucker enthält. Es werden **E-Nummern** benutzt, die kaum ein Mensch im ersten Moment bewusst als Zucker erkennt.

Manche **Medikamente** erhalten so viel Zucker, dass sie sogar neue Krankheiten wie **Diabetes Typ 3** verursachen und süchtig machen. Einige Medikamente haben einen Einfluss auf die Insulinausschüttung oder hemmen die **Insulinwirkung**.

Medikamenten wie Cortison, Thiazide, Furosemid, Diazoxid, auch manche Antidepressiva, können zu einer **Blutzuckererhöhung** führen können.

In **Medikamenten für Kinder** findet sich Zucker in besonders hoher Dosierung.

3.10. Zucker in Getränken: 18 Stück Würfelzucker in einer Dose Cola

3.10.1. Tee, Eistee

Man darf nicht vergessen, dass Tees ebenfalls Kalorien enthalten können. Zwar sind es zu wenige um dick zu machen, aber wenn man zu viel davon trinkt summiert sich die kleine Menge mit den anderen aufgenommenen Nahrungsmitteln am Tag am Ende zu einer Menge, die zu **Fettleibigkeit** führen kann.

Viele Menschen trinken am Tag tassenweise **Tees mit Zucker**, **Sahne** oder **Milch**. Sie schütten nur ein klein wenig hinein und glauben deswegen, dass dies nicht schlimm sei. In Wahrheit ist das schlimm, wenn man gesund bleiben, abnehmen oder nicht zunehmen möchte.

Laut http://www.kalorien-guide.de/getraenke/tee.html enthält:

- 1 Teelöffel Zucker (5 gr): 85 kJ/20 kcal
- 1 Teelöffel Kaffeesahne, 10% Fett (5 gr): 25 kJ/6 kcal
- 1 Teelöffel Kondensmilch, 4% Fett (5 gr): 23 kJ/6 kcal

- 1 Teelöffel Kondensmilch, 7,5% Fett (5 gr): 28 kJ/7 kcal
- 1 Teelöffel Kondensmilch, 10% Fett (5 gr): 37 kJ/9 kcal
- 1 Teelöffel Kondensmilch, 7,5% Fett gezuckert (5 gr): 69 kJ/17 kcal
- 1 Teelöffel Kaffeeweißer-Pulver (5 gr): 115 kJ / 27 kcal

Trinkt man 6 Tassen Tee am Tag mit jeweils einem Teelöffel Zucker, ist man sehr schnell schon bei fast 500 kcal, fast 1/3 oder **¼ des Kalorienbedarfs pro Tag**. Das ist sehr viel, wenn man zusätzlich morgens frühstückt, und mittags und abends Mahlzeiten zu sich nimmt.

Man denkt bei schlechten Getränken oft nur an Cola und Co. und vergisst eine ganz kleine, versteckte Kalorienbombe: **Eistee**. 100 ml Eistee enthalten 29-31 kcal, 7 Gramm Kohlenhydrate. 1 Liter hat dann ca. 300 kcal.

3.10.2. Softdrinks, kohlensäurehaltige Süßgetränke wie Cola und Limonaden und andere alkoholfreie Getränke

Abnehmen, gesund sein und gesund bleiben hängen nicht nur maßgeblich damit zusammen was man isst, sondern auch was man trinkt.

Der Konsum von **zuckerhaltigen Softdrinks** wie Cola und Limo, Isodrinks, Energy Drinks oder Proteindrinks macht nicht nur dick und fett, er verursacht auch viele Krankheiten wie Diabetes, Krebs, das metabolische Syndrom, Herz-Kreislauf-Beschwerden usw. **2010 starben 184 000 Menschen** durch zu süße Getränke fanden Forscher heraus, darunter rund 133 000 an Diabetes, 45 000 an Herzkrankheiten und 6450 an Krebs.

36 Zuckerwürfel pro Liter

Cola enthält ca. 42 Kalorien (kcal) pro 100 Milliliter, in einer 0,5-Liter-Flasche sind umgerechnet 18 Stück Würfelzucker.

Sämtliche Sprudelgetränke und Softdrinks, sowie Limonaden enthalten kaum wertvolle Inhaltsstoffe, aber besitzen zu viel Zucker, der den Tagesbedarf übersteigt: bis zu 10 Teelöffel pro Dose oder etwa **36 Zuckerwürfel pro Flasche**. Bei regelmäßigem Konsum wird dieser Zucker wird im Körper in Fett umgewandelt und das führt zu Übergewicht und zu **Fettleibigkeit**.

In **alkoholfreien Getränken** sind tatsächlich sehr viele Kalorien versteckt, ohne dass es dir bewusst ist. Diese Getränke sind wahre **Kalorienbomben**. Auch die Light-Varianten sind nicht besser, statt Zucker enthalten sie umstrittene **Süßstoffe**, die noch schlimmere **Nebenwirkungen** mit sich bringen als der weiße Zucker.

Diese zucker- und chemikalienhaltigen Getränke beschleunigen laut vieler Studien die Alterung der Körperzellen fast so sehr wie das Rauchen und schaden außerdem den Zähnen.

Zwei Gläser Limonade täglich schaden dem Körper genauso wie Rauchen

Einer der Hauptgründe dafür sind die hohen **Phosphatgehalte**. In Softdrinks und süßen Pop-Getränken sowie Limonaden werden meistens Phosphate als Säuerungsmittel, Säureregulatoren, Emulgatoren, Schmelzsalze und Konservierungsmittel (E338, E339) verwendet.

Je nach Konsum kann der Körper sogar um Jahre **altern**. Eine Studie der Universität von Kalifornien, die im *American Journal of Public Health* veröffentlicht wurde, hat dies belegt. Prof. Elissa Epel und ihre Kollegen stellten einen möglichen Zusammenhang zwischen dem Zuckergetränkekonsum und der **Zellalterung** her. Viele Ergebnisse zeigten, dass Verbraucher von kohlensäurehaltigen Süßgetränken **kürzere Telomere** hatten.

Forscher stellten fest, dass Menschen, die täglich mindestens 350 Milliliter zuckerhaltiger Limogetränke zu sich nehmen, körperlich um 4,6 Jahre älter sind als Menschen, die sich an Wasser oder Tee halten. Dazu steigt ab zwei Gläsern pro Woche das Risiko an **Bauchspeicheldrüsenkrebs** zu erkranken.

Energydrinks enthalten im Vergleich zu Cola oft die dreifache **Koffein**-Menge.

Durch die Kohlensäure werden außerdem mehr **Weichmacher** aus den Plastikflaschen freigesetzt und gelangen so ins Blut.

Was passiert in deinem Körper in den ersten 60 Minuten nach dem Trinken einer Dose Cola?

Wir haben schon viel über Süßgetränke, wie Cola und Co. gelesen. Wir wissen, dass sie ungesund sind, aber wir wissen nicht wirklich was genau mit unserem Körper passiert. Bei meinen Recherchen bin ich auf folgende Information gestoßen, die erstmalig genau und detailliert erklärt, was Cola in unserem Körper anrichtet. Der britische Gesundheits-Blogger Niraj Naik hat auf seiner Webseite „The Renegade Pharmacist" aufgelistet, was eine Dose Cola innerhalb nur einer Stunde im Körper anrichtet. An diesem Beispiel wird gezeigt, wie Fructose und kohlensäurehaltige Getränke uns mehr zerstören und fetter machen, als die sogenannten gesättigten Öle.

„Wenn du eine Dose Cola trinkst, oder ein ähnliches, zucker- und koffeinhaltiges Getränk, passiert laut Niraj Naik folgendes in deinem Körper…

http://therenegadepharmacist.com/wp-content/uploads/2015/05/coke1hr3.jpg

1. **In den ersten 10 Minuten** wird der Körper von 10 Teelöffeln **Zucker** überschwemmt schlagen in deinen Körper ein (das sind 100% der empfohlenen Tagesdosis.) Diese überwältigende Süße löst nur deswegen keinen Brechreiz aus, weil **Phosphorsäure** den Geschmack mildert.

2. **20 Minuten:** Dein **Blutzucker** erreicht den Höhepunkt, was die Ausschüttung großer Mengen Insulin verursacht. Deine Leber reagiert darauf, indem sie jeden Zucker, den sie in die Finger bekommt (und davon ist ja gerade mehr als genug vorhanden) in Fett umwandelt.

3. **40 Minuten:** Du hast das **Koffein** jetzt komplett aufgenommen und es zeigt seine Wirkung: deine Pupillen verengen sich, dein **Blutdruck** steigt und als Reaktion darauf kippt die Leber noch mehr **Zucker** in deinen Blutkreislauf. Die Adenosin-Rezeptoren in deinem Gehirn werden blockiert, was Schläfrigkeit verhindert.

4. **45 Minuten:** Dein Körper steigert die **Dopamin** Produktion, was das Belohnungszentrum des Gehirns anregt – genauso funktioniert übrigens Heroin.

5. **60 Minuten:** Die **Phosphorsäure** bindet Kalzium, Magnesium und Zink im Darm und kurbelt dadurch den Stoffwechsel an. Das wird vom hohen Zuckergehalt und künstlichen

Süßstoffen weiter vorangetrieben – d.h. noch mehr Nährstoffe landen im Urin.

6. **60 Minuten:** Die harntreibende Eigenschaften von **Koffein** machen sich bemerkbar: du musst auf's Klo und scheidest das Kalzium, Magnesium und Zink aus, das eigentlich deinen Knochen gebraucht hätten. Außerdem verliert dein Körper Natrium, Elektrolyte und Wasser.

7. **60 Minuten:** Die Achterbahnfahrt in deinem Körper kommt langsam zum Ende und der **Zuckerpegel** im Blut stürzt rasant ab: du wirst müde und gereizt. Und du hast jetzt alles in der Cola enthaltene Wasser in's Klo befördert, und zwar nachdem es dein Körper mit den ganzen wertvollen Nährstoffen angereichert hat.

In den nächsten paar Stunden (wenn du Raucher bist wahrscheinlich schon nach spätestens 2 Stunden) folgt dann auch noch der **Koffeinabsturz**. Es ist nicht speziell die Cola, die der Feind ist, sondern die explosive Mischung von **extrem viel Zucker, Phosphorsäure und Koffein** – und die findet sich in fast jedem Limonadengetränk. Wir sollten eigentlich alle die Gesundheitsrisiken dieser Getränke kennen, weil die Zusammenmischung von Zucker, kohlensäurehaltigem Wasser und Zusatzstoffen wie Phosphorsäure und Salz viel zu viel Säure in unserem Körper produziert.

Ab und mal ein Glas Cola richtet keinen größeren Schaden an, wie immer ist das richtige Maß entscheidend."

Quelle: http://www.blisstree.com/2010/06/23/mental-health-well-being/what-happens-to-your-body-if-you-drink-a-coke-right-now/

3.11. Obst ist gut und gesund, aber zu viel Obst kann auch krank und dick machen

Obst ist und bleibt die beste und **gesündeste Alternative** bei Hunger zwischendurch – im Gegensatz zu einer Tafel Schokolade oder einem Stück Kuchen. Aber man sollte auch hier ein bisschen auf die Menge achten.

In Kamerun wurden wir fast alle in der Mango- und Avocadozeit ein bisschen schwerer und runder. Danach gingen die Kilos wieder runter. Wir hatten viele Bäume mit diesen Früchten und aßen große Mengen davon. Man riet uns immer aufzupassen, da die leckeren Früchte nicht ohne seien.

Apfel, Orange, Birne, Mango, Ananas, Kokosnuss und Co. sind super **gesund und lecker**, aber ihr Verzehr kann leider auch unangenehme Folge haben, wenn man sie zu oft zu sich nimmt. Sie können sogar fett machen, denn in den Früchten verstecken sich auch Kohlenhydrate und **Fruchtzucker** (Fructose).

Obst allein macht außerdem nicht richtig satt, und wir tendieren dann dazu, zu viel davon zu essen und somit befördern wir viel Zucker in unseren Körper.

Dazu kann **Fruchtzucker** (wenn er in großen Mengen vorhanden ist) im Gehirn ein **Hungergefühl auslösen**, bzw. er führt nicht dazu, dass das Gehirn uns sagt, dass wir satt sind. Man neigt deswegen dazu, noch mehr zu essen, obwohl man keinen Hunger hat. So kann man mit Obst viele **Kalorien** ansammeln und dabei gegen die gute Absicht abzunehmen handeln.

Eine andere Gefahr sind die **Chemikalien**, mit denen das Obst heute behandelt wird. Viele dieser Chemikalien stören den **Fettstoffwechsel**.

Wie ich schon öfter erwähnte, gilt auch hier das Mantra: „Die Dosis macht das Gift."

3.11.1. Reine Fruchtsäfte

Viele wissen es nicht. Gemessen an den enthaltenen Kalorien, ist zum Beispiel **Apfelsaft** gefährlicher für die schlanke Linie als **Bier**: 100 ml Pils enthalten ca. 42 kcal während Apfelsaft bei der gleichen Menge 47 kcal enthält.

Reine Säfte und frisch gepresste Säfte sind **gesund** und haben sehr viele **Nährstoffe**, können aber auch krank und dick machen, wenn man sehr viel davon trinkt oder isst. Man sollte ihren Zuckergehalt keineswegs unterschätzen. Fruchtzucker steht Haushaltszucker in nichts nach.

Apfelsaft ist im direkten Vergleich kalorienreicher als Cola!

Darüber hinaus enthält Saft **kaum Ballaststoffe**. Das führt dazu, dass der Blutzuckerspiegel schnell ansteigt und so wird Fett eingelagert. Durch den raschen Anstieg des **Insulinspiegels** wird man außerdem schneller wieder hungrig und dadurch isst man mehr.

Säfte können auch krank machen. Nehmen wir zum Beispiel Orangesaft. Bei frischem **Orangensaft** werden viele Orangen samt Schale gepresst und erst dann gefiltert. Das Problem ist, dass die Früchte selbst wochen- und monatelang mit verschiedenen **Chemikalien**, wie **Pestiziden**, gespritzt und behandelt wurden. Obwohl sie gewaschen werden, gelangen Reste dieser Chemikalien in den Saft und somit in unseren Körper, mit den Folgen, die wir uns vorstellen können.

Säfte können außerdem laut mehrerer Studien ein **Diabetes-Risiko** bergen, wenn man viel davon trinkt, wie eine Studie der *Harvard School of Public Health* 2013 bewies. Grund ist die Struktur der Fruchtsäfte.

Beim Übergang vom Obst zum Saft gehen die Ballaststoffe verloren und der Fruchtzucker im Saft geht schneller und komplett ins Blut und erhöht so den Blutzucker stärker, als wenn man das Obst isst.

Hinzu kommt bei vielen Menschen eine **Unverträglichkeit** von **Fruchtzucker** (Fructose). Immer mehr Menschen leiden darunter, ohne dass die Ärzte die Krankheit identifizieren.

Bei den Betroffenen ist die Aufnahme von Fruchtzucker schmerzhaft. Die Fructose landet unverdaut im Dickdarm und verursacht **Bauchschmerzen**, **Blähungen**, **Durchfälle**, **Übelkeit** und sogar **Depressionen**, **Kopfschmerzen**, **Infektionsanfälligkeit** und einen **Mangel** an bestimmten Mikronährstoffen, wie Folsäure und Zink, wenn die Intoleranz jahrelang nicht behandelt wird.

Bei Fructoseintoleranz sind folgende Lebensmittel verboten:

- Die meisten **Früchte** (Trauben, Orangen, Äpfel, Mangos usw.) und alle Produkte daraus
- **Trockenfrüchte**
- **Honig, Marmelade, Schokolade, Süßigkeiten** usw.
- **Fertigprodukte**, die Zucker enthalten könnten
- **Diabetikerprodukte**
- **Süßstoffe**: sie hemmen die Aufnahme der Fructose aus dem Darm zusätzlich und verschärfen folglich die Fructoseintoleranz

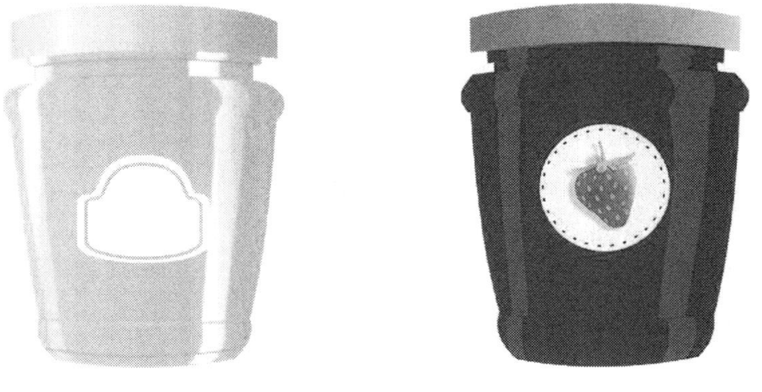

3.12. Auch sehr gesunde Lebensmittel enthalten Zucker

Dass ein Lebensmittel gesund ist, heißt nicht, dass es nicht dick und krank macht!

Viele Menschen kommen in mein Ernährungscoaching und beklagen sich, dass sie nur **gesunde Lebensmittel**, oft auch noch ausschließlich in **Bioqualität**, essen, sie aber dennoch kein Gewicht verlieren oder gar Gewicht zulegen. Sie dachten sie seien **krank**, ihre Schilddrüse würde nicht richtig funktionieren. Sehr schnell habe ich festgestellt, dass die Lebensmittel, die sie zu sich nehmen, verantwortlich dafür sind, auch wenn sie sehr gesund sind.

Zum einem lag es an der **Mischung** der Lebensmittel, zum anderen an der **falschen Zeit** diese zu essen und außerdem an der **Menge**.

Wenn man zwei- oder dreimal am Tag neben einzelnen **Nüssen** noch **Vollkornbrot** mit einer dicken Schicht **Erdnussbutter** oder Mandelbutter darauf isst, dazu noch täglich ein bis zwei **Avocados**, dann kann man nicht davon ausgehen, dass man kein Gewicht zunehmen wird, auch wenn alle Lebensmittel an sich sehr gesund sind. Es geht auch um **Kalorien**! Wenn sie zu viel sind, werden die Überschüsse in den Fettdepots eingelagert.

Nur weil Nüsse sehr gesund sind, kann man sie nicht als Snack um 22 Uhr abends essen und glauben, das würde unseren Fettzellen nichts ausmachen.

In **normalen Mengen** genossen haben gesunde Lebensmittel auch **gesundheitsfördernde** Effekte und bauen sehr effektiv Fett ab. Allerdings werden sie mit der Zeit, bei regelmäßigem Verzehr von **großen Mengen**, dem Körper eine **Last**, denn sie führen dazu, dass der **Überschuss an Kalorien**, die der Körper nicht schnell verbrennen kann, als **Fett** deponiert wird und man zunimmt.

Die Dosis macht das Gift!

4. DROGE:
SALZ

SALZ

Künstliche Salze

In Industrieländern essen Menschen bewusst oder unbewusst und vor allem indirekt tendenziell **zu viel Salz**. Offizielle Studien sprechen von durchschnittlich zwölf Gramm pro Tag (inoffiziell sind es aber weit mehr als 12 Gramm am Tag), doppelt so viel wie die Deutschen Gesellschaft für Ernährung empfiehlt. Und dies hat **negative Folgen** für die Gesundheit.

Salz ist gesund und notwendig für den Körper aber nicht die **industrielle Version** des Salzes, die als **Kochsalz** (Chemikalie auf Basis von Natriumchlorid) in Supermärkten verkauft wird. Im nächsten Kapitel liest du, warum das so ist. Diese Salzversion ist eine **Belastung** für den Körper. Zahlreiche Studien belegen, dass ein **zu hoher Kochsalzkonsum** (besonders die reinen, raffinierte, Salze) nicht nur das Wasser aus den Zellen zieht, was dazu führt, dass der Mensch innerlich trocknet, sondern zu **Krankheiten** und **Sucht** führen kann.

4.1. Salz: Was es ist, warum und wie es krank macht

WICHTIG: Salz in der Ernährung ist gut und gesund, normale Mengen kann der Körper gut abfangen und erfolgreich verwerten und es tut ihm gut. Salz wird für das reibungslose Funktionieren des Körpers benötigt: Übertragung von Nervensignalen, Muskelkontraktion und Nierenfunktion. Salz regelt mit Kalium den Wasserhaushalt des Körpers. Es bestimmt die Verteilung des Körperwassers und die Bewegungen des Wassers im Körper. Ein Überschuss von Salz im Körper wird durch die Nieren zusammen mit der erforderlichen Menge Wasser filtriert und ausgeschieden.

Gefährlich wird es, wenn regelmäßig zu viel Salz benutzt und viel Salziges gegessen wird

Das Salz, das für die Ernährung benutzt wird nennt man **Speisesalz** und es ist hauptsächlich **Natriumchlorid**. Es ist das Natriumsalz der Salzsäure mit der chemischen Formel NaCl. Natriumchlorid kommt in großer Menge in der Natur vor (im Meer, als Mineral Halit usw.). Salz wird hauptsächlich aus **Steinsalz** und **Meersalz** gewonnen.

Dieses Salz ist für Menschen und Tiere der wichtigste **Mineralstoff**. Der Körper eines erwachsenen Menschen enthält etwa 120 bis 350 g Kochsalz. Wir verlieren täglich 3–20 Gramm Salz und deswegen ist ein regelmäßige Zufuhr von außen **lebenswichtig**, denn der Körper selbst kein Salz produzieren kann.

Das Kochsalz, das als Speisesalz benutzt wird, das Salz, das im Supermarkt erhältlich ist, hat nichts mehr mit den naturbelassenen Salzen zu tun. Das ganz normale billige **Speisesalz**, das wir zum Kochen benutzen und dass in allen industriellen Gerichten und Fertiggerichten zu finden ist, ist tiefgreifend **industriell verarbeitet**, gebleicht, bei hohen Temperaturen gesiedet und raffiniert und enthält dazu **Chemikalien**, wie Aluminium(hydr)oxid oder Kaliumhexacyanidoferrat, Jod- und Fluorverbindungen, sowie Natriumnitrit, das in Wurstwaren benutzt wird und das nachweislich **krebserregend** ist.

Das hochgelobte Salz aber, das in unserem Körper vorhanden ist und das unser Körper tagtäglich mit der Nahrung aufnehmen sollte, hat mit diesem künstlichen Speisensalz (Chemikalien aus Natriumchlorid) nichts mehr zu tun.

Gerade dieses Salz verbrauchen wir *en masse*, weil es einfacher und billiger herzustellen ist. Das Salz, das man in der **Natur** findet ist selten isoliert und besteht nicht nur aus NaCl. Darin sind noch weitere **Mineralstoffe**, wie Kalium, Magnesium, Selen, Silizium, Zink und viele mehr enthalten. Und diese im natürlichen Salz enthaltenen Mineralstoffe und Spurenelemente **stören die Konservierung, Lagerung und Industrialisierung** des Salzes und sind somit uninteressant für die Industrie, obwohl diese für den Mensch ein Segen wären.

Magnesium und **Kalium** lassen das Salz nicht so schmecken, wie die Industrie es will. Ihr Geschmack ist leicht **bitter**, er würde in vielen fertigen Lebensmitteln nicht passen. Und da Magnesium außerdem Wasser anzieht, neigt das natürliche Salz auch eher zum Verklumpen. Deswegen muss dieser gute Mineralstoff raus.

damit man am Ende nur reine das NaCl hat. Die Lebensmittelindustrie verdient damit viel und außerdem hilft es, dem Verbraucher weitere Chemikalien unterzujubeln.

Was Salz im Körper Gutes und Schlechtes macht

Das westliche Essen ist bekanntlich sehr süß, sehr sauer, sehr milchig, weizenreich und sehr salzig. Salz findet man in fast allen Lebensmitteln, und besonders in verarbeiteten Lebensmitteln und **Fertiggerichten**, die meistens eine hohe **Energiedichte** haben. Der Körper braucht mehr Energie und mehr Arbeit, um solche Lebensmittel zu verwerten.

Wer viel Salz – und vor allem das industriell hergestellte, raffinierte Salz, das billig im Supermarkt zu kaufen ist – zu sich nimmt, trinkt auch viel mehr und oft gesüßte Getränke, die dick machen.

Mehrere wissenschaftliche Studien zeigen einen direkten Zusammenhang zwischen dem übermäßigen Konsum von **Salz** und der **Flüssigkeitsaufnahme**, dem Trinken von **zuckerhaltigen Getränken**, wie Cola, Fanta, Energy Drink und dem Verzehr von fettigem und weizenreichen Essen, meistens mit hoher Energiedichte wie Pizza, Käse, Chips usw. Was zu einem erhöhten **Risiko** für **Übergewicht** und **chronische Krankheiten** führt.

Kochsalz lässt Zellen sterben, lässt Krankheiten – Nierensteine, Blasensteine, Gallensteine, Gicht, Arthrose, Arthritis – entstehen, fördert Cellulite. Es wird vermutet, dass auch Alzheimer, Schilddrüsenerkrankungen, hoher Blutdruck, Hirn- und Herzstörungen von Industriesalz begünstigt werden.

„*Wer über Monate hinweg zu viel Salz zu sich nimmt, lässt seinen Körper austrocknen und erhöht gleichzeitig den Blutdruck. Dadurch steigt das Risiko eines Herzinfarktes um ein Vielfaches*" Herzspezialist Prof. Dr. Heiner auf weltderwunder.de.

Er warnt weiter: Hier in Deutschland würden **ein bis drei Gramm Salz weniger** im Essen pro Tag zwischen 10.000 und 20.000 Todesfälle im Jahr verhindern.

Da unser Körper aber selber kein Kochsalz herstellen kann, muss er diese lebenswichtige Substanz mit der Nahrung aufnehmen.

Ohne Salz können wir nichts tun, es wäre kaum möglich den Körper zu bewegen oder gar zu denken, weil es sehr wichtige Mineralstoffe und Spurenelemente enthält. Es sorgt für 90 Prozent des osmotischen Drucks in den Zellen, erhält den Flüssigkeitsdruck in den **Körperzellen** aufrecht, regelt den **Blutkreislauf**, sorgt für die **Reizweiterleitung** in den Nervenzellen und unterstützt den **Knochenaufbau**, und es muss von außen aufgenommen werden, weil unser Körper selber kein Kochsalz herstellen kann.

Man kann aber auch ohne das reine künstliche Salz gut leben, und **Salz anderweitig** aufnehmen, zum Beispiel aus Kräutern, Früchten, Nüssen, Fleisch, Wildpflanzen usw.

Gesunde Salze sind zum Beispiel: Fleur de Sel, das kostbarste und teuerste Meersalz, Steinsalz und Kristallsalz.

Künstliches Jod in Nahrungsmitteln macht krank

Jodierte Lebensmittel findet man in der westlichen Ernährung fast **überall**: Brot, viele Milchprodukte, denn Tiere werden mit jodierten Mineralfuttermischungen gefüttert, Wurstwaren, Fertiggerichte, Fastfood, Chips, manche Süßigkeiten, Gebäck, Eier, denn Hühner bekommen jodiertes Futter und sogar Bodengemüse, denn über die Ausscheidungsprodukte aus der Tierfütterung ist der Boden belastet.

Viele Menschen werden **durch Jod krank**, ohne zu wissen, was die Ursache ist. Auftretende Krankheiten können sein: Asthma, Impotenz, Akne, Bindehautentzündung, Herzstörungen, Schlafstörungen, Depressionen.

Woher kommt eigentlich das Jod? Das Jod, das Salz zugesetzt wird, kommt aus Salpetermischungen und aus recycelten Materialien, wie Druckfarben, Katalysatoren, Röntgenkontrast- und Desinfektionsmitteln.

Auch das **Fluorid** im Salz ist eine Gefahr für die Gesundheit. Bestimmte Formen von **Knochenkrebs** sollen laut http://www.zentrum-der-gesundheit.de von einer übermäßigen Fluoridzufuhr begünstigt werden.

Kochsalz enthält außerdem **Nitrite** (Natriumnitrit), die mit Eiweißen **Nitrosamine** bilden können. Nitrosamine gehören zu den aggressivsten **Krebsauslösern**. Viele Wurst- und Fleischwaren enthalten Natriumnitrit. Und nun versteht man, warum davor gewarnt wird, zu viele Wurstwaren zu verzehren.

Achtung Brot: BROT und Wurstwaren können salziger sein als Kartoffelchips. Ein belegtes Brot mit Salami und Käse kann schon mehr Salz enthalten als die empfohlene Tagesdosis.

4.2. Verstecktes Salz in Industrie-Lebensmitteln

Die meisten Menschen merken gar nicht einmal, wie viel Salz sie zu sich nehmen und dass es viel zu viel ist, denn viele denken bei Salz nur an den Salzstreuer in der Hand, den wir beim Kochen zum Würzen benutzen. Über das **Selbstwürzen** nehmen wir aber nicht einmal ein Fünftel des Salzkonsums auf. Vielmehr geht die Gefahr von **verstecktem Salz** in Lebensmitteln aus, da wo wir es gar nicht ahnen, auch im Lebensmitteln, die süß sind und bei denen man kein Salz schmeckt, wie Cornflakes. Sie sind **Salzbomben**, die wir schon am frühen Morgen unseren Kindern zufügen.

Fastfood und **Fertiggerichte** enthalten zu viel Salz. Wenn man zum Beispiel eine **Pizza** und einen **Hamburger** an einem Tag isst, ist der Körper schon übersalzen, ohne dass der Esser es weiß oder gar merkt.

100 Gramm **Hering** enthalten mehr als die doppelte Menge des Salzbedarfs des Tages.

Hauptquellen von verstecktem Salz in Lebensmittel sind laut der Verbraucherzentrale:

- Brot und Brötchen (27 bis 28 Prozent der Salzzufuhr),
- Fleisch- und Wurstwaren (15 bis 21 Prozent), Milchprodukte und Käse (10 bis 11 Prozent)
- Auch in Knabbergebäck, in gerösteten Nüssen, Weißmehlprodukte, Kuchen, Brezeln, Fertigsuppen und -saucen, in manchen Schokoladen und Süßigkeiten, in Chips, Hamburgern, asiatischer Küche, Dosenessen, Salatdressings und in vielen anderen Produkten findet sich verstecktes Salz

4.3. Wie Salz abhängig macht und unser Gehirn steuert

Viele Menschen essen meisten zu viel **Salz** und viele Studien belegen, dass sie es tun, weil es ihnen einen **Lustgewinn** verschafft wie Drogen es tun, wie Forscher 2011 herausfanden.

Alles spielt sich, wie bei Drogensüchtigen, im **Gehirn** im Hypothalamus ab. Nach mehrmaliger Wiederholung des Experiments, bis es keinen Zweifel mehr gab, konnten die Forscher zweifelsfrei feststellen, dass der Konsum von Salz die **gleichen Prozesse** im Gehirn auslöst wie die harten Drogen **Kokain** und **Heroin**. Sie stellten auch fest, dass es auch beim **Entzug** Parallelen und Ähnlichkeitssymptome zwischen diesen Stoffen gab.

Kochsalz **befriedigt** unser Gemüt und **verleitet** uns zu Ess-Handlungen, die wir bewusst nicht unternommen hätten. Das hat die **Lebensmittelindustrie** sehr früh erkannt, und es ist kein Zufall, dass wir viele **gesalzene** Nahrungsmittel serviert bekommen, neben Chips sind auch fast alle Fastfood- und Fertiggerichte übersalzen und auch das, was wir als gesund betrachten, nämlich **Nüsse** und manche getrocknete **Früchte** sind **versalzen**. Die Industrie tut es nicht, weil der Körper Salz braucht, nein, sondern weil das Salz, besonders das künstlich verwendete, unser Gehirn beeinflusst und manipuliert, damit wir noch mehr essen und so noch mehr andere Lebensmittel zu uns nehmen, die im ersten Moment gar nichts mit Salz zu tun haben (Süßigkeiten, süße Getränke, Weißmehl und Fett), denn Salz macht süchtig wie Drogen.

Im Gehirn soll Salz genau wie Heroin und Kokain wirken. Salz und diese Drogen beeinflussen die gleichen Gene im Gehirn.

Salz lässt das Gehirn mehr **Dopamin** und **Serotonin** ausschütten. Sie gelten als **Glückshormone** (Belohnungshormone) und sind für eine Vielzahl von psychischen Reaktionen wie Antrieb, Wohlbefinden, Lebensfreude, Mut, Konzentration und Vergnügen, aber auch für Körperreaktionen wie zum Beispiel die Feinmotorik wichtig.

Wie Zucker aktiviert Salz das **Belohnungssystem** im Gehirn (siehe Kapitel 3.7. „Wie Zucker anhängig macht…“). Dies bestätigen Wolfgang Liedtke, Neurobiologe an der Duke University in Durham, und Derek Denton von der Universität Melbourne.

Die Folge ist eine **negative Konditionierung** des Gehirns. Je mehr wir von den salzigen Lebensmitteln essen, umso stärker spüren wir den Belohnungseffekt, so etwas wie **Lust**, **Rausch**, **Glücksgefühle.** Und da wir selbstverständlich noch mehr von diesen Gefühlen haben wollen, wollen wir auch noch mehr davon essen, was diese auslöst. So essen wir nicht, was wir wirklich wollen und brauchen, nicht weil wir Hunger haben, sondern weil wir es tun **müssen**. Wir werden **kontrolliert** und **beeinflusst**.

So können und haben Lebensmittel der westlichen Ernährung die natürlichen Instinkte vieler Menschen beeinträchtigt, unter ihre Kontrolle gebracht und kontrollieren so das Bauchgefühl.

„Drogensucht basiert auf den gleichen instinktiven Mechanismen“, erklärt Liedtke und so hat das Salz unsere Instinkte fest im Griff, und wir können nicht mehr so leicht von ihm lassen.

4.4. Mein Experiment

Ich habe auch mit Salz schon ein erstes Experiment gemacht, mit sehr interessanten Erkenntnissen.

Ich nahm zwei Wochen lang **jeden Tag 10-30g Salz** auf, in allen Formen: im Essen, pur, in Getränken.

Ich stelle fest, dass es eine Verbindung gibt zwischen süß, salzig und Weißmehl. Ich aß viel mehr Schokolade, Kucken (Berliner, Croissants) und Knabbereien (Salzstangen, geröstete Erdnüsse, Chips, Butterkekse) als früher. Nun verstehe ich viel besser, warum die Lebensmittelindustrie so oft diese drei Stoffe zusammen in ihre Produkte mischt. **Salz, Zucker und Weißmehl gemischt** machen noch stärker abhängig als wenn man sie getrennt zu sich nimmt.

Weiter stellte ich fest – und dies nach nur 3 Tagen – dass ich viel mehr Lust auf Getränke wie **Cola**, **Apfelschorle**, **Bier** hatte als normalerweise. Generell trank ich viel mehr als sonst und verstärkt Getränke mit Kohlensäure. Die Lust auf normales Wasser war wie weg. Ich hatte auch mehr Lust auf **Rotwein**.

Ich hatte auch mehr Lust auf **fettreiche Gerichte** und auf **Fleisch**. Ich aß fast jeden Tag eine **Bratwurst** mit Brötchen, was ich normalerweise vielleicht nur 3-4 Mal im Jahr tue.

Das bedeutet, dass mein Konsum an Zucker, Alkohol und Fett ganz generell merklich erhöht war.

Ich spürte auch, dass ich beim Sport schnell keine Luft mehr bekam, weil mein **Herz** mir **Probleme** machte. Es schlug viel schneller und hinderte mich daran, mich richtig anzustrengen.

Mein **Rücken** tat mir weh, aber es waren meine **Nieren**, die diese **Schmerzen** überallhin ausstrahlten. Die vorderen Seiten meiner **Beinknochen** taten mir wieder weh, wenn ich sie nur berührte.

Eine alter Schmerz, der fast gar nicht mehr, bzw. nur noch gelegentlich zu spüren war, war wieder intensiv da: ein **Ischiasähnlicher Schmerz**. Ein Schmerz, der in meiner Wirbelsäule anfängt und bis zu meinen Fußzehen läuft.

Wasser ablassen tat mir manchmal weh. Es brannte. Ich bekam wieder **Blasenentzündung**. Eine Krankheit, die ich seit Jahren nicht mehr gehabt hatte.

Ich hatte auch **Magen-Darm-Beschwerden** und leichtere Durchfälle.

Meine **Zähne** und Zahnfleisch wurden empfindlicher und reagierten schmerzhafter auf kalt und heiß.

Ich nahm in zwei Wochen fast **2 kg zu**.

Psychisch bemerkte ich eine wachssende **Unruhe** und **Nervosität**, sowie **Konzentrationsschwäche**.

Ich hätte das Experiment noch länger machen müssen, um mehr psychische Symptome zu entdecken. Deswegen möchte ich in diesem Winter, 2016-2017, noch einmal einen **zweiten Salz-Versuch** machen, der diesmal **4 Wochen** dauern wird.

Das Ergebnis werde ich dann nächstes Jahr mit der neuen Auflage präsentieren.

Der Körper spielt verrückt: Weißmehl-, Milch-, Zucker-, Salzprodukte und die Entdeckung von Zivilisationskrankheiten

Das Malheur der Menschen ist, dass man mit diesen Produkten **Milliardengewinne** macht.

Ich weiß, dass viele Menschen sagen, dass unsere Vorfahren schon immer so gegessen haben und deswegen denken sie, was gestern gut war, ist auch heute gut. Dann ist aber die Frage, warum wir zwar länger leben, aber an **Krankheiten** erkranken, die unsere Vorfahren gar nicht kannten? Schauen wir mal um uns! Schauen wir bei unserer Familie, bei unseren Verwandten, Freunden. Es ist fast eine Ausnahme, fast ein Wunder, wenn Menschen heute nicht an irgendeiner **chronischen Krankheit** sterben. Klar werden wir alle eines Tages sterben, so oder so. Aber so wie wir beim Sterben **leiden** hat es die Natur nicht vorgesehen. Man sagt, wie man lebt, so man stirbt, und so lebt man auch weiter nach dem Tod.

Du hast nun detailliert gelesen, was diese Produkte mit unserem Körper und unserer Psyche machen.

Stelle dir nun ihre Mischung vor, denn sie kommen zu uns als unzertrennliches Paket. In den meisten Produkten, die wir essen, stecken alle **zusammen** drin: **Milch**, **Weizen**, **Zucker** und **Salz**. Von morgens bis abends, 7 Tage die Woche, 365 Tage im Jahr, stellen wir unseren Körper ständig auf die Probe. Wir fordern ihn mit seinen ganzen mechanischen und psychischen Organen bis zum Äußersten heraus. Unser Körper ist permanent im **Entzündungsmodus**.

Man kann sich nun vorstellen, was in unserem Körper abläuft, wenn wir alles das in uns haben und auch noch in großen Mengen: Wir essen **Brot mit Wurst und Käse** zum Frühstück, Essen mittags **Pizza** oder **Pasta**, trinken **Cola**, essen nachmittags **Kuchen** und trinken einen **Latte** dazu, abends essen wir nochmal Pasta oder **Abendbrot** und dazu trinken wir **Cola**, **Säfte**, **Bier**, essen **Süßigkeiten** und und und… Alles Zucker, Weizen, Mehl, Salz.

Zu den Weizenmehl-Produkten essen wir auch noch Zucker? Weizenmehl wird in Zucker umgewandelt und das Produkte ist außerdem oft schon mit Zucker „verzuckert“: **doppelte Verzuckerung**. Dazu bringen Cola oder Bier noch mehr Zucker in den Körper, wieder mehr **Fett**, wieder mehr Angriff auf das Gehirn. Wir überschütten unseren Körper mit **Dopamin**, mit **Insulin**, mit mit mit… Das überfordert jede Maschine, egal wie leistungsstark sie ist. Das **überfordert unseren Körper** und jedes seiner

Organe, das **Gehirn** versteht nichts mehr und kann nichts mehr richtig einordnen. Es ist viel zu viel und der Körper und die Psyche spielen verrückt. Es ist nur selbstverständlich, dass wir nur noch chronisch krank werden können und so entstehen folgende **Krankheiten** oder sie werden **gefördert** und **intensiviert** bzw. ihre **Heilung erschwert**:

Gelenkschmerzen, chronische Entzündungen, Krebs, Alzheimer, Diabetes, Bluthochdruck, Herzinfarkt und Schlaganfall und andere Herz-Kreislauf-Erkrankungen, Unfruchtbarkeit, Rheuma, Gelenkschäden, Migräne, Hautprobleme, Potenz- und Erektionsprobleme, Verweiblichung des Mannes, depressive Stimmungen und weitere psychische Beschwerden, Migräne, Zahnschäden, Kreislaufprobleme, Ödeme, Depressionen, Eisenmangel, Nährstoffmangel, Stoffwechselstörungen, Menstruationsbeschwerden, sowie Haut- und Atemwegserkrankungen, chronische Antriebslosigkeit und Müdigkeit, Burnout und vieles mehr.

Schlussfolgerung

In der ganzen Welt haben Weizen, Milch und Milchprodukte, Zucker und Salz eine Spur der Verwüstung und des Leidens hinterlassen. Nichts, nicht einmal Krieg bringt mehr Menschen um, als diese vier Lebensmittel. Dies weiter zu verleugnen ist eine vorsätzliche, gefährliche Handlung, ein Terrorangriff auf die Menschheit, egal welcher Religion, welcher Hautfarbe, welchen Geschlechts, welcher sexuellen Orientierung. Es ist Zeit, dass dies uns bewusst wird, dass wir Folgen dieser Ernährung nicht weiter verheimlichen und dass wir uns gesund ernähren.

Es ist nicht mehr möglich, bzw. es ist heutzutage sehr **schwierig** ohne diese Produkte zu leben, denn sie befinden sich in fast allen Nahrungsmitteln, auch dort, wo wir es nicht erwarten. Ich bin auch kein Fan von **„auf alles verzichten"** und ich selbst esse fast alles. Es geht mehr darum, bei diesen Lebensmitteln **Mäßigung** zu zeigen, diese nicht mehr als Grund-nahrungsmittel zu betrachten, sondern als **gelegentliche Genuss-Bereicherung** und sie mit vielen anderen gesünderen Lebensmitteln zu mischen.

Das heißt, sich nicht mehr exklusiv nur von Weizen, Zucker, Milch und Salz zu ernähren, sondern sie als **Zusatz** zu gesünderer Ernährung zu sich zu nehmen. Diese kleine Vorkehrung allein wird dir sehr gut tun und viele deiner **Beschwerden eliminieren**, ohne dass du an Genuss verlierst. Denn **Essen** ist auch zum **Genießen** da.

Achtung: Die Informationen in diesem Buch sind Ratschläge und sollen dich nicht dazu bringen, keinen Arzt mehr aufzusuchen.

Über den Autor

Anders sein, anders sehen, anders handeln, damit etwas Erfrischendes herein kommt.

Mein Name ist Dantse Dantse, ich bin gebürtiger Kameruner und Vater von fünf Kindern, die zum Teil schon studieren. Meine Hobbys sind schreiben, joggen, träumen, und Gott und alles, was er gemacht hat bewundern und lieben.

Als ältester Sohn einer afrikanischen „Truppe“ von 8 Kindern meiner Mutter und als Drittältester Sohn und siebtes aller Kinder meines verstorbenen Vaters, der insgesamt 25 Kinder mit drei amtlich verheirateten Frauen hatte, war mein Leben immer ein spannender Film, seit ich ein Kind war. Alle Kinder und alle Frauen wohnten zusammen in einer Anlage, die Kinder in einem Haus und der Vater und seine Frauen in einem separaten Haus. Wir aßen alle zusammen, spielten zusammen. Eine Frau kochte für alle Kinder. Wir Kinder haben immer eine Ansprechpartnerin gehabt, denn jede einzelne Frau war unsere Mutter. Wenn die eigene Mutter verreist war, kümmerte sich die andere Mutter um dich. Diese Erfahrung muss man machen. Das ist etwas Besonderes, man lernt zu teilen, zu lieben, mit 24 gleichwertigen anderen. Automatisch ist die Definition von wichtigen Werten, wie Geben, Teilen, Gefühle, Liebe, Eifersucht, Geduld, Verständnis zeigen uvm. anders als bei Kindern einer sogenannten „normalen“ Familie. Wenn du aus so einer Familien komme, trägst erfährst du so viele Sachen, die dich im Leben weiterbringen. Du lernst viel, weil du schnell lernen musst, um nicht runterzufallen.

Mein Leben ging auch im Erwachsenenalter spannend weiter, nicht nur, weil ich Vater von fünf Kindern von unterschiedlichen, schönen Frauen aus unterschiedlichen Kulturen bin, sondern auch, weil ich Grenzerlebnisse hatte, seien sie gut oder schlecht, die mich geformt haben. Ich habe viele Menschen verloren und viele dazu gewonnen. Ich habe so viele schöne Dingen erlebt, aber auch sehr schmerzhafte Erfahrungen gemacht. Ich habe in meinem Leben fast alles probiert, denn ich bin ein Mensch, der ständig das Neue sucht und vor Risiken keine Angst hat, der bereit ist, bis zum Ende zu gehen, um zu wissen, was aus etwas wird.

Frauen waren und sind immer meine Leidenschaft gewesen, auch heute noch, wenn auch nicht mehr in diesen Mengen. Ein kleiner Star war ich immer gewesen, mein Star. Ich brauchte nicht den Erfolg von Robbie Willams, um bei den Frauen anzukommen. Frauen haben somit mein Leben sehr geprägt. Wichtig dabei ist, dass ich mich nicht verloren habe, sondern im Gegenteil mich stetig weiterentwickelt habe. Viele kennen mich als jemanden, der unkonventionell denkt und lebt, der sehr positiv ist, der ein guter Vater ist, dem die Freiheit (die innere und die äußere) fundamental wichtig ist, der an das Gute im Menschen glaubt, trotz mancher unschöner Vorfälle, der hilfsbereit ist und gerne verzeiht, kurz, als eine Person, die glücklich ist, wie sie ist, aber dennoch weitermacht.

Beruflich passierte sehr viel, vom Studium bis heute. Ich habe unterschiedliche Dinge gemacht, und dabei habe ich nicht immer die Rahmenbedingungen beachtet, denn die bremsen meistens. Ich lebe und arbeite seit über 25 Jahren in Deutschland und arbeite heute als Erfolgs-Coach und Marketingberater. Ich berate Menschen und Firmen, wenn sie nicht mehr wissen, wie es weitergeht! Vor dem Coaching gab es, wie gesagt, noch vieles anderes: Studium, Geschäftsführer, Außenhandel, Firmengründer, Internet, PR, und, und, und…

Die Idee zu schreiben habe ich schon als Kind gehabt, aber erst die Erfahrungen aus meiner Tätigkeit als Berater und Coach brachten mich dazu, mein Hobby in die Tat umzusetzen. Da mein afrikanisch-inspiriertes Coaching gerade immer mehr

Deutsche anspricht und ihnen hilft, habe ich mich auf Anraten einer Kundin entschlossen, meine Erfahrungen und Ratschläge in Büchern weiterzugeben.

Meine Begeisterung für alles, was mit Menschen zu tun hat ist fast selbstverständlich:

1. Seit 23 Jahren bin ich Vater und Erzieher von mehreren Kindern aus verschiedenen Kulturkreisen, dem afrikanischen und dem europäischen. Das macht für mich als Vater die Erziehung jedes Kindes anders und spannend, aber auch herausfordernd. Durch diese Kinder habe ich außerdem viele anderen Kinder und Eltern kennengelernt.

2. Durch meine Erziehung habe ich gelernt, dass Werte und Persönlichkeit sehr wichtig sind. Mein Vater, der beruflich sehr aktiv war als Politiker und hoher Beamter des Landes, fand immer Zeit am Wochenende, um uns Geschichten zu erzählen und Lieder beizubringen. Wir saßen dann stundenlang im Dunkel auf der Wiese vor unseren Häusern (dem Haus der Eltern und dem Haus der Kinder) und hörten ihm zu, seine Geschichte hatte immer mit etwas zu tun, was uns beschäftigte oder was uns als Individuum stärken würde. Er konnte aus einem Zitat aus der Bibel eine herzliche Ge-

schichte erzählen. Diese Geschichten sind Jahrzehnte später immer noch in meinem Kopf. In Afrika sagt man, erst ein starker Mensch als Individuum macht eine starke Gesellschaft. Anders herum ist es ungesund. Die Gesellschaft wäre zwar stark, aber die Menschen darin kaputt und krank. Deswegen sollte jedes Kind seinen eigenen Weg suchen und finden und sich nicht immer dem Diktat der Allgemeinheit beugen. Alleine dastehen bedeutet nicht, dass die anderen Recht haben und auf Seite der Wahrheit stehen, nur weil sie viele sind. Du kannst Recht haben und sie alle nicht. Man sollte keine Angst haben, den Weg zu nehmen, den kein anderer nimmt. Man kann es Sonderweg nennen. Dein Weg aber ist der richtige für dich.

Die Kinder, sagte mein Vater, müssen mit Werten und Liebe zur Selbständigkeit und Unabhängigkeit erzogen werden. Kinder müssen so erzogen werden, dass sie aus eigenen Kraft das Gute vom Schlechten trennen können, erkennen können, was ihnen gut tut, damit sie der Gesellschaft auch Gutes tun können. Die Kinder müssen so erzogen werden, dass sie glücklich sind und das Vertrauen haben, dass sie auch nach schwierigen Zeiten, die immer im Leben eines Menschen kommen, trotzdem weiter glücklich sein werden.

Solche Lehre begleitete mich, und mit der Zeit war ich auch immer mehr davon überzeugt, dass das wichtig ist. Wir sehen in den westlichen Ländern, wie die Gesellschaft stark ist, aber viele Menschen schwach und krank sind.
In einer solchen Großfamilie musst du bestimmte Eigenschaften und Strategien entwickeln, um auf dich aufmerksam zu machen, ohne den anderen zu schaden. Vieles das dich sehr beschäftigt, passiert schon in sehr frühem Alter, unter anderem ist der Kampf um die Gerechtigkeit und Gleichheit zwischen allen Geschwistern gegenüber den Eltern sehr bedeutend. Da die Eltern nicht so viel Zeit für dich haben, wie in einer Familie mit nur zwei Kindern, musst du sehr aufmerksam sein und mancher deiner Probleme alleine lösen. Das bedeutet, dass du schon als Kind Philosoph, Psychologe und Therapeut bist.

Als ältester Sohn musste ich, nach der afrikanischen Kultur, schon sehr früh praktisch die Funktion eines Erziehers (hier Vater und Mutter) übernehmen. Dafür wurde ich auch speziell geschult. Das Beste dabei war, dass man die ältesten Kinder geschlechtsneutral ausbildete, damit sie gleichzeitig die Funktion von Papa und Mama übernehmen können. Das heißt, dass ich Papa und Mama bin, seitdem ich 10 war. Und heute freue ich mich sehr, diese Erfahrungen gemacht zu haben, und dass ich die Chance hatte, meine jüngeren Geschwister mit zu erziehen und viel daraus für mich zu lernen. All das hat mir sehr bei der Erziehung von meinen eigenen Kindern geholfen. Aus diesen Erfahrungen habe ich sehr viel gelernt und viel Wissen gesammelt, das man kaum aus Büchern lernen kann.

3. Als Coach und Berater habe ich viele Menschen, Frauen, Männer, Paare, Kinder aus unterschiedlichen Kontinenten, Kulturen, sozialen und beruflichen Kreisen betreut.

Ich schreibe, wie ich bin. Ich schreibe vielseitig, weil mein Leben auch vielseitig ist und keinen "normalen und üblichen und planmäßigen" Weg, wie die Menschen ihn gewohnt sind, genommen hat. Das wollte ich auch nie so haben. Ich war und bin die Art von Mensch, die man üblicherweise Lebenskünstler nennt. Unkonventionell, frei in meiner Person und in meiner Denkweise, unabhängig von Etabliertem, das ich aber voll respektiere. Meine Werte sind Liebe, Gerechtigkeit, Verzeihen können, Kulanz, Optimismus, Freigiebigkeit, Verantwortung tragen, Freiheit mit mir selbst und mit anderen und dazu noch guter Vater sein.

Fast alle meine Bücher beruhen auf wahren Begebenheiten. Ich schreibe Bücher über moderne Themen, die die Menschen und die Gesellschaft bewegen, Bücher über schwere Schicksale, Tabuthemen, Ethik und Moral, über Erziehung, über das Glück. Ich schreibe auch Ratgeberbücher und Kinderbücher mit interkulturellem Hintergrund, da meine Kinder in interkulturellen Verhältnissen leben. Ich bringe Erfahrungen aus zwei unterschiedlichen Kulturen mit, die ich vereinen musste, um meinen Kindern das Bestmögliche zu geben.

Dieses Wissen und diese Erfahrungen waren für Menschen, die meinen Rat gesucht haben, stets eine große Bereicherung.

Meine afrikanisch-inspirierten Tipps und Tricks helfen in allen Lebensbereichen von Kindererziehung über Partnerschaft, Sexualität, Gesundheit, Ernährung bis zum Glücklichsein. Auch noch so harte Nüsse können weichgekocht werden und das alles mit Liebe, Geduld, Konsequenz und Gerechtigkeit. Dafür ist es sehr wichtig sich selbst zu kennen, zu lieben und sich selbst zum Glücklichsein zu erziehen.

Mein Schreibstil ist authentisch und angenehm zu lesen. Die Wortwahl ist einfach, unkompliziert, verständlich, sowie deutlich. Meine Bücher sollen neugierig und nachdenklich machen und Spaß und Lust am Lesen wecken. Ich möchte meinen Stil unbedingt beibehalten, damit die Leser mich so kennen, so akzeptieren und durch ihn auch erkennen, dass ich kein gebürtiger Deutscher bin. Das ist mein Anreiz, auf Deutsch zu schreiben.

Lies meine Bücher, und du wirst verstehen, was ich über mich geschrieben habe.

Gerne können wir weiter streiten, diskutieren und ausdiskutieren und Frieden schließen. Gerne lese ich auch dein Lob.

Meine Autorenseite ist: www.dantse-dantse.com, E-Mail: Leser@dantse-dantse.com

Meine Coachingseite ist: www.mycoacher.jimdo.com, E-Mail: mycoacher@yahoo.de

DIFO - DANTSE IMMUN FORTE
Life & health protect energy sauce

Die therapeutische, magische Gesundheits-Sauce aus Ingwer, Knoblauch, Zwiebel, Chili und vielem mehr. Eine Sauce, die körperliche und psychische Krankheiten heilt und magisch schmeckt. Die wunderscharfe Sauce bekämpft sehr wirksam Krankheiten und macht außerdem schlank.

Eine echte Delikatesse zu Fleisch, Fisch, Käse, Weißbrot, Reis, Nudeln etc. Regelmäßig gegessen wirst du ein dauerhaftes Ergebnis und allgemeines Wohlbefinden verspüren. Diese Sauce sollte nicht mehr auf deiner Speisekarte fehlen! Sie wird auch nie mehr fehlen, sobald du sie das erste Mal probiert hast!

Möchtest du diese Sauce bestellen? Dann gehe auf www.mycoacher.jimdo.com! Mehr Info über DIFO – DANTSE IMMUN FORTE findest du in meinem Buch **Nutrazeutika** (ISBN 9783946581492).

Weitere Bücher des Autors bei indayi edition (Auszug)

Dantse Dantse
DIE VERWEIBLICHUNG DES MANNES
Am Anfang war Adam, am Ende ist Eva
DER STILLE SIEG DER FRAU
durch Ernährung
DAS ESSENS-REICHE, RUHMLOSE ENDE DES PHALLUS UND DIE UNVERMEIDBARE BEDEUTUNGSLOSIGKEIT DER MÄNNLICHKEIT
indayi edition
Wie weibliche Hormone in der Nahrung den Mann feminisieren und über seine sexuelle Orientierung mitentscheiden

Dantse Dantse
DANTSE
ABNEHMEN MIT CHARME
durch Ernährung
OHNE DIÄT
• Fett weg
• Bauch weg
• Rettungsringe weg
• Speckrollen weg
• Impotenz weg
• Krankheiten weg
• Fitnessstudio weg
• Kilos weg
UND ALLES BLEIBT WEG
...ohne Wenn und Aber...
mit würzigen Kilos-weg-Koch-, Trink- & Smoothie-Geheim-Rezepten
bebildert!
mit der DantseLOGIK™
Meistere dein Gewicht
Garantie -
das erfolgreiche Coaching endlich als Buch
Nur mit Lebensmitteln
OHNE (Leistungs-) SPORT
• Muskeln definiert
• Bauch straff
• Po knackig
• Cellulite und Falten weg
• Seele glücklich

Dantse Dantse
DANTSE
FETTWAMPE?
JA, ABER RICHTIG!
Durch Ernährung
Wie und welche Lebensmittel Po, Bauch, Hüfte, Beine und Brust dick machen und dich außerdem krank
OHNE MÜHE
• Käse-Wampe
• Weizen-Speckrollen
• Pasta-Fetthintern
• Milch-Schenkel
• Cola-Rettungsringe
• Wasser-Wanst
• Burger-Wabbelbrust
• skinny fat - schlank, aber fett
bebildert! mit leckeren, kalorienreichen Power-Fett-und-Dick-Mach-Koch-, Trink- und Smoothie-Rezepten
mit der DantseLOGIK™
Meistere dein Gewicht
Garantie -
das erfolgreiche Coaching endlich als Buch

Dantse Dantse
DANTSE™
Meistere dein Leben
DAS ESSENS-DRAMA UND
DAS ENDE DES ÜBERGEWICHTS
Die neue Dimension der Ernährung: das bebilderte Kurs- & Trainingsbuch mit exklusiven Tipps, Tricks und Power-Rezepten zum Abnehmen
Wieso?
Warum?
Woher?
WIE DENN NUR?
+ Öl weg
+ Weizen
+ Milchprodukte
+ Zucker
+ Salziges
+ Saures
+ Diät
= FETT & DICK
= KRANK & ALT
indayi edition
Essen macht schlank und gesund
Essen macht potent, fit und jung
Essen macht muskulös und glücklich
Essen macht dick und krank
Essen macht fett und unglücklich
Essen macht lustlos, schlapp und alt
+ Power-Kohlenhydrate
+ Power-Kräuter
+ Power-Smoothies
+ Power-Öle
+ Power-Proteine
= FETT & KILOS WEG
= MUSKELN AUFBAUEN
finde es heraus mit der
DantseLOGIK™
Meistere dein Gewicht
Garantie -
das erfolgreiche Coaching endlich als Buch

Dantse Dantse
Smart Coaching - knapp auf den Punkt gebracht
Gesund & geheilt
schwarz-weiß Ausgabe
mit der
Lebensmittelapotheke
mit Fett-weg
Das komplette
Diät-Programm
Selbsthilfe-Handbuch
Moringa
Wundermittel gegen Krebs
Ingwer
gegen Erkältung
Chili Schoten
gegen Bluthochdruck
...und über 30 mehr
afrikanisch inspiriert - wissenschaftlich fundiert
Neu:
Was den Körper krank macht
Gifte in Lebensmitteln
Mineralstoffe und Vitamine
Saure und basische Lebensmittel

Dantse Dantse
Smart Coaching - knapp auf den Punkt gebracht
Krankheiten heilen mit Lebensmitteln
basisch
Vitamine
Mineralien
Was hilft gegen welche Krankheiten?
Alzheimer
Bluthochdruck
Depression
Erkältungen
Migräne
Krebs
Rheuma
Zahnschmerzen
altes Wissen
neue Erkenntnisse
...und über 30 mehr
DantseLOGIK

Dantse Dantse
Smart Coaching - knapp auf den Punkt gebracht
So macht uns Ernährung krank und Weißmehl blöd
freie Radikale
Zusatzstoffe
Gifte
Mein Weißmehl-Experiment
Welche Lebensmittel verursachen & verstärken welche Krankheiten
Alzheimer
Bluthochdruck
Depression
Erkältungen
Migräne
Krebs
und viele mehr!
afrikanisch inspiriert - wissenschaftlich fundiert
altes Wissen
neue Erkenntnisse

Dantse Dantse
Smart Coaching - knapp auf den Punkt gebracht
Ohne Medikamente auskommen
Antioxidantien
Mineralien
Vitamine
Iss & trink dich gesund!
Eine basische Ernährung, die heilt, fit, jung macht und Fett verbrennt!
Gutes Öl
Knoblauch
Ingwer
Broccoli
Zwiebel
afrikanisch inspiriert - wissenschaftlich fundiert
...und vieles mehr!
altes Wissen
neue Erkenntnisse
DANTSE

Dantse Dantse
DantseLOGIK™ - Meistere deine Gesundheit
NUTRAZEUTIKA
Iss, trink und denk dich gesund, jung und schlank!
25 Jahre ohne Medikamente!
Lebe wie der Autor top-fit und top-gesund
mit der DantseLOGIK™
Meistere deine Gesundheit
Krankheiten heilen
mit einer
therapeutischen Ernährung
mit würzigen Krankheiten-weg-Koch-, Trink- & Smoothie-Rezepten
Inkl. Sonderteil: Iss und trink dich krebsfrei
afrikanisch inspiriert - wissenschaftlich fundiert
indayi edition
DANTSE™ Meistere dein Leben

Dantse Dantse
Smart Coaching - knapp auf den Punkt gebracht
Das ultimative Anti-KREBS Buch
NEU: afrikanische Anti-Krebs-Kochrezepte
Unsere Ernährung - Freund und Feind
Krebszellen-Fütterer
Krebszellen-Killer
Krebszellen-Verhinderer
mit neuen Erkenntnissen und Top-Tipps, die wirklich helfen
afrikanisch inspiriert wissenschaftlich fundiert
indayi edition
Lebensmittel und eine afrikanisch inspirierte Ernährung, die dich vor Krebs schützen und ihn bekämpfen!

Dantse Dantse
Smart Coaching - knapp auf den Punkt gebracht
KREBS
hasst Safou
fürchtet Moringa
kapituliert vor Yams
Lebensmittel und eine afrikanisch inspirierte Ernährung, die dich vor Krebs schützen und ihn bekämpfen!
Kochbananen
Knoblauch
Ingwer
Okraschoten
Himbeeren
afrikanisch inspiriert wissenschaftlich fundiert
...und vieles mehr!
mit afrikanischen Kochrezepten
altes Wissen
neue Erkenntnisse

Dantse Dantse
Smart Coaching - knapp auf den Punkt gebracht
KREBS
Wie Ernährung Krebs heilt
ich will dich besiegen
ich kann dich besiegen
ich werde dich besiegen!
Deswegen fange ich jetzt an!
Einstieg 4
Lebensmittel und eine afrikanisch inspirierte Ernährung, die dich vor Krebs schützen und ihn bekämpfen!
Kochbananen
Knoblauch
Ingwer
Okraschoten
Himbeeren
afrikanisch inspiriert wissenschaftlich fundiert
...und vieles mehr!
altes Wissen
neue Erkenntnisse
mit Kochrezepten

Dantse Dantse
Smart Coaching - knapp auf den Punkt gebracht
Wie Ernährung Krebs auslöst
KREBS
mag Weizen
liebt Zucker
und knutscht Milch
Gifte
Zusatzstoffe
freie Radikale
Einstieg 3:
Krebserregende Ernährung & Giftstoffe in Lebensmitteln
...in Fleisch
...in Gewürzen
...in Getränken
...in Süßigkeiten
...in Fertiggerichten
...in Babynahrung
afrikanisch inspiriert wissenschaftlich fundiert
...und viel mehr!
altes Wissen
neue Erkenntnisse

Dantse Dantse
EGO-ELTERN
Erziehungsfehler vermeiden - afrikanisch inspiriert
„Papa, Mama, lasst mich einfach Kind sein!"
Warum werden unsere Kinder immer
•tyrannischer •ängstlicher
•aggressiver •antriebsloser
•überforderter •depressiver
und vor allem immer unglücklicher?
Wie Eltern diese Schwächen in Kinder einprogrammieren

Dantse Dantse
Aufstand der Kinder
light
Die Schnell-Leseversion
Jedes Thema knapp und präzise auf einer Seite!
„Papa, Mama, jetzt rebelliere ich! Lasst mich einfach Kind sein!"
Erziehungsratgeber
afrikanisch inspiriert

Dantse Dantse
Unglückliche Kinder
noch mehr Dinge, die wir falsch machen können
Von Ängsten über Urvertrauen bis Pubertät
Erziehungsratgeber
afrikanisch inspiriert
Aufstand der Kinder

Dantse Dantse
Unglückliche Kinder
was machen wir bloß falsch?
Von Überbehütung über falsche Ernährung bis Mobbing
Erziehungsratgeber
afrikanisch inspiriert
Aufstand der Kinder

DANTSE
Ich lese deine Gedanken
GESTEN
WORTE
GEFÜHLE
für Beruf und privat
die dich verraten
indayi edition
Du redest, auch wenn du nichts sagst
Das Handbuch um Situationen blitzschnell einzuschätzen und Handlungen vorauszuplanen
von Dantse Dantse

PRIMITIV DENKEN, ERFOLGREICH SEIN
indayi edition
Glücklich und frei sein wie ein Vogel, das kannst du auch!
Die 4 Glückssäulen der Primitiven:
DAS PRAXISBUCH
Inkl. zwei Dankes-Ritualen, die dein Leben radikal verändern
Glücksarchitekten
Glückstechniker
Glücksarbeiter
Glückshelfer
ermöglichen dir, glücklich zu sein und es zu bleiben, egal was geschieht
DANTSE DANTSE

DANTSE DANTSE
indayi edition
„Ich hasse glückliche Menschen"
12 wahre Geschichten aus dem Leben
Jeder ist seines Unglückes Schmied
oder
Wie mache ich mich richtig unglücklich?
Ein Plädoyer für das Glücklichsein

Weitere Bücher von indayi edition (Auszug)